料理家
村上祥子82歳、じぶん時間の楽しみ方

村上祥子

edge

まえがき

こんにちは。料理研究家の村上祥子です。

この本を手に取ってくださって、どうもありがとうございます。

私、生まれてこの方ず〜っと、「何を食べさせるか」を考えています。

昨夜も、明日のスタッフのおやつがなかったので、コンビニまでアイスクリームを買いに行きました。23時過ぎの夜道は暗く、必死で走って帰ってきました。

翌日、3個のグラスにブルーキュラソー（ノンアルコールのシロップ）を入れて氷を加え、炭酸水を注いでバニラアイスを加え、柄の長いスプーンとストローをさしてスタッフに、

「はい、おやつですよ」

と渡しました。

「生まれてこの方」はオーバーですが、7歳の頃には食べ物を作っていたようですから、365日、料理のことを考えているのは本当です。

そのような人間にとって、料理研究家、管理栄養士の仕事は天職です。天職だからおもしろいこと、この上なし。


27歳のとき出会ったアメリカ人のアンさんに、日本の家庭料理を教えたことで、私の仕事人生が始まりました。

以来、プロとしてお金をいただくからには、「できません」とは言えません。

そのために心してきたことを、次にしたためます。

その一、人が求めることを教える

アンさんの料理教室を始めるとき、アメリカ人11人とドイツ人1人、計12人の生徒さんのご主人に「奥さんに何を習って欲しいか」を尋ねました。

答えは①米の研ぎ方②ご飯の炊き方（水加減）③おにぎりの作り方④だしの

とり方 ⑤みそ汁の作り方 ⑥白菜漬け ⑦きゅうりのキューちゃんの漬け方 ⑧サバのみそ煮 ⑨卵焼き ⑩かやくご飯……など、50案も集まりました。

そこで、ベビーカーに生後7カ月の次男をのせ、4歳の長男と3歳の長女にベビーカーの左右の把手を持たせ、新宿三丁目のみそ問屋へ。仙台、岡崎、信州、京都、九州のみそを500gずつ購入。それぞれの夫の出身地を尋ねて、その土地のみそを渡す。そこからみそ汁の作り方を教えました。

その二、調理の実演はスマートに

湯切りのとき、揚げ物を引き上げるとき、食材を振らない。縦にスッと立てて出すだけで、湯も油も切れます。菜箸を持つとき、小指は立てない。茶道のお点前のように、指を揃えます。

その三、「一に清潔、二に清潔」

髪や肌を触る癖は清潔感とは真逆の行為。私は髪をまとめ、バンダナをかぶります。

その四、後ろ姿に気を配る

人は前を向いているときは、前方に注意が行き届いていますが、後ろ姿には隙が生まれます。教室で料理を皿に20人分盛りつけるとき、ダイニングで召し上がっていらっしゃる生徒さんに、後ろ向きにならないように心します。

その五、時間を守る

何があっても講義の時間を守ること。

今年（２０２４年）３月の料理教室では、最後のスイーツ３品、①桜餅 ②豆乳ヨーグルトはレンチンで作り、ラズベリージャムも手作りで添え、③メロンパン作りの時間がなくなり、３品同時進行しました。

「陸上競技に例えれば、ハードルを飛び越えながら槍投げし、最後に走り高跳びでフィニッシュするかのようでした」

というのは生徒さんの感想です。

その六、プライベートなことはしゃべらない、聞かない

料理教室で生徒さんが個人的なことを話しても黙って聞く。

その七、大好きな生徒さんでも教室のときは一対多数と思う

今後も仕事を続けるための、自分へのいましめの言葉です。

村上祥子料理教室は、今年で55年目を迎えます。

本書は、私の人生を振り返りながら、作ること・食べること、動くこと・働くこと、食で健康になること、そして人とのつながりについてまとめたものです。

単行本や雑誌記事の執筆、テレビ番組などでは紹介することができなかった、研究者・教育者としての一面についても綴っています。

大好きな料理研究の仕事に夢中になっているうちに、気がつけば82歳に。

「村上さん、いつもお元気ですね」

「全然お変わりありませんね」

というお褒めの言葉をよくいただきます。

私が子どもの頃、まわりに80代の人は皆無といってよいほどでした。今、80歳は普通。高校時代の恩師は今年101歳になりました。

生涯現役という言葉があります。それを実現するには、元気で健康でいなくては。

この本には、ずっと現役として仕事を続けている私の元気の秘密も書いておきました。

シニア世代の方はもちろん、若い方にも役立つ、人生を輝かせるレシピが満載です。どうぞ、召し上がれ。

2024年6月

村上祥子

もくじ

料理家 村上祥子 82歳、じぶん時間の楽しみ方

第1章 作る、食べる。

第2章 動く、働く。

第3章 食で健康になる。

第4章

人とつながる。

装丁　田中俊輔
本文デザイン　齋藤ひさの
撮影協力　株式会社ムラカミアソシエーツ
福岡スタジオ
編集協力　片岡理恵（有限会社BORIS）
撮影　江口 拓（スタジオコム）
マンガ・イラスト　佐々木 愛
編集　加藤紳一郎
印刷　シナノ書籍印刷

第1章

作る、食べる。

第1章

空飛ぶ料理研究家、登場！

こんにちは！村上祥子です。
自称「空飛ぶ料理研究家」です。
管理栄養士であり、
福岡女子大学の客員教授でもあります。
地元の大学を卒業後就職が内定していましたが、
大手企業のサラリーマンと結婚して家庭に。

フツーの専業主婦として、
三人の子どもの育児・家事に追われていましたが……
夫の同僚のアメリカ人の夫人におせち料理をおすそわけしたことがきっかけで……
OH!!!
どうぞ
PLEASE!
私たちに日本の家庭料理を教えて!!
OK！任せて！
こうして私は料理教室の先生に。それ以来、
これをこうして
Oh
なるほど
引っ越すたびに、料理によって人と打ち解け、たくさんの人に料理を教えつづけてきました。
私も
どーぞ
どーぞ
私も
私も
どーぞ
どーぞ
私も
私も
私も

料理教室のかたわら
いろんな料理コンクールに応募
ふっくらパンコンテスト
入賞を重ね、
ついた異名は
〝コンクール！荒らし〟
ブルーダイヤモンド
アーモンドコンテストに応募し、
あーでもない
こーでもない
う〜ん
見事優勝!!
ポークハワイアン
アーモンド・クリーム添え
それをきっかけに
料理研究家として
ぜひうちにレシピを
うちも
いっしょに仕事を
女性誌やメディアの仕事を
することになりました。
家庭
マダム

そんなとき、
夫に転勤の辞令が。
北九州
だって
そこで、東京でのメディアの
仕事をすべてやめ、
一家で北九州に引っ越し。
この機会にもう一度
勉強しようと思い立って、
母校福岡女子大学の門をたたき、
研究員として研究しながら
学生たちに病態栄養指導を
教えていました。
47歳で国家試験を受け、
管理栄養士の
資格を取得!!
仕事の幅も
広がる!!

1996年からは
東京の西麻布に
スタジオを作り、
福岡と東京を
往復する生活が
始まりました。
両拠点で
料理教室、
新聞、月刊誌、
単行本の仕事、
メーカーの研究などを
受け持っていました。

電子レンジに注目したのは大学の栄養指導実習講座を担当していたとき
栄養バランス
油控えめ
時短…
よし！レンジでやってみよう
学生
チーーン★
ごくり
さあ食べてみて
コト
おっ…おいしい
すごーい！
わーおいしー!!
研究と研鑽を重ねて
フムフム
電子レンジ調理の第一人者と呼ばれるように。
電子レンジに夢中

それ以来電子レンジを
存分に活用し、
ずらーーり!!
生活習慣病の予防・
改善のためのレシピ
簡単にできる
一人分のレシピ
三歳児を対象とした
ミニ・シェフクラブ
自立したシニアで
いるためのレシピ
などなど、
さまざまな人たちを
対象とするレシピを
開発・公開してきました。

そんな活動の中で
私が一貫して伝えてきたことは
「ちゃんと食べて、
ちゃんと生きる」こと
何をどれだけ
食べればいいか
食べ物を見極め選ぶ力！
これを「食べ力®」といいます！
食べ力
一人一人がしっかり身につけて
自分の健康を守りましょう！
食べ力
6カ条
食べ力® をつけるための
実践的教育にも力を注ぎ、
日本全国、ヨーロッパ、
アメリカ、中国、
東南アジアで
講演や講座を
行いました。

そんな生活の中で私が集めた食に関する資料や情報は、
メモ魔
切り抜き魔
50年でいつしか50万点に!!
これらは現在福岡女子大学に「村上祥子料理研究資料文庫」として一般公開されています。
今までに出版した本は、
576冊1285万部にのぼります。
……と、ここまで読むと「村上祥子さんて野心家なのね」と思われている方もいるかも。
でも私は野心や大きな目標があったわけではないのです。
縁あって頼まれたことや仕事を一つずつこなしてきただけです。

人からは「そんなことできるの？」と思われるようなことでも
ざばーん！
やったことがないだけよ――――！
いわれなき確信
に従ってチャレンジしてきました。
私をつき動かしてきたのは
知りたい！学びたい！
という好奇心。
そして
料理によって人とつながりたい！
本書は、そんな私の人生や料理に対する思いを綴ったエッセイです。
どうぞお楽しみください!!

最初の食の記憶

生まれて初めての食について思い出そうとしましたが、記憶は真っ白です。何も覚えておりません。

私は、1942（昭和17）年。福岡県若松市で生まれました。疎開先は、福岡県福津市（以前は津屋崎町）。半農半漁の自然豊かな町で、小学6年生半ばまで過ごしました。

父は戦争に召集され、妹が生まれる年に母と祖母と一緒にトラックの荷台に乗って引っ越したと聞いています。私は2歳でした。

津屋崎町の出のばあやが、大工の棟梁である息子と近所にいて、母は心強かったと聞いています。

当時、日本の食糧事情は、栄養重視の食事とはほど遠く、厳しい状況が続いていました。そのため、一緒に疎開したねえやは故郷に帰したそうです。

私の小学校1年生の写真は、なぜかほっぺがプクプク、前歯の抜けた口を大きく開けて笑っています。周囲の同級生はみんなガリガリです。

家の資産（土地家屋）を管理していた我が家は、働かずとも裕福だったようで、上等な服を着た私は見事な健康優良児でした。

終戦後もどこから入手するのか家にはバターや砂糖がありました。だから栄養は十分に摂取できたのでしょう。でも豊かな食生活かというと、それはまた別の話です。

疎開先の津屋崎小学校１年１組の集合写真。前列左端が私。担任の上田桃子先生は18歳。代用教員だったと思います

私が生まれた後、長女を4歳で失った母は、食べてくれれば十分と、好きなものを存分に与えて

くれたのかもしれません。

「8歳のお誕生日、何が欲しい？」

と聞かれて、

「チーズ！」と元気よく答えたそうです。

甘いお菓子よりもチーズが大好きだったのですね。チーズを1箱もらった私は、大喜びで妹と分け合って、妹は少しずつ、私は一気に全部食べました。

この家での強烈な食の記憶は、鶏のすき焼きです。

15歳年の離れた九州大学の医学生だった従兄に、母が食料の足しになれば、と、庭で飼っていた鶏を絞めてもらうように頼んだのです。

井戸端にしつらえた石の流し台で、無言で鶏をさばくお兄さんの大きな背中。水の音、赤い血、お腹から数珠つなぎに取り出される大から小の卵黄…。

私は驚きと好奇心で、一心にその様子をみつめていました。

その夜は、鶏のすき焼き鍋を皆で囲みました。その味こそ忘れてしまいましたが、その日見た光景は今なお鮮明に覚えています。

体格が華奢だった父は終戦直前に招集され、山口県沿岸部の護衛部隊に所属しましたが、すぐに戻って来ました。

戦後、私が物心ついた頃のことです。

母は気苦労が多かったのかもしれません。何か持病があったのかもしれません。具合が悪く床に伏せることが多い人でした。

昔の家では、病人はお座敷に寝かせるのが常でした。電燈には風呂敷を被せて薄暗くして。

7歳の私は、母が心配で部屋を覗きに行っては戻り。ねえやは故郷に戻されたし、お嬢さん育ちの祖母はまるで家事ができない人です。父も皆目できません。

そこで私は蒸した、ほかほかのご飯を母に持って行きました。どこかで「蒸す」という調理を見たのでしょう。とにかく（あったかいものを食べさせなくては）と子ども心に思ったのだと思います。
それが、私が生まれて初めて作った料理です。

子どもって、食いしん坊で食べてばっかりいるイメージがありますが、一方で作ってあげようと考えることもあるのじゃないかしら。

私の息子も、やっぱり7歳ぐらいだったかな、撮影の仕事を終えてもどってきて座りこんでいる私に、砂糖をたっぷり入れたアイスコーヒーをご馳走してくれました。

ガラスのグラスになみなみと入れたアイスコーヒーを、こぼさないように運んできた真剣な顔をよく覚えています。もうそれだけで、母親の疲れは吹き飛んじゃいますよね。

今まで私は、いろんな小学校で食育の授業を行ってきました。

そのなかで、電子レンジでご飯を炊いてもらいます。浸水しなくてもおいしいご飯が炊けるんですよ。

それを受講したある男の子が、お母さんが風邪をひいたときに、弟と一緒に電子レンジでご飯を炊いてあげたんですって。お母さんはとても喜んで、その顔を見た男の子は、次にサバのみそ煮（これも食育のレシピ）を作ったそうです。

お母さんから「とってもうれしかったです」というメールをいただきました。

もちろん、お母さんが作るご飯を食べるのもいいけれど、子どもだって作りたい。一緒に作ったり、作ってあげて感謝をされたりするのも、子どもはうれしいのだと思います。

我が家のおふくろの味

父方の曽祖父・大島傳七《おおしまでんしち》は、福岡県若松市で廻船問屋によって成功し財を成した人物。私の父は、その養女夫婦の長男です。12歳で父親を亡くした父は、大島家の財産を姉夫婦と切り崩しながら生きることになります。

子どもの頃から絵を描くのが好きだった父ですが、東京藝術大学への進学を反対され、不動産の管理を学ぶために慶應義塾大学経済学部で学びました。

そして父は、私の母と運命の出会いを果たします。

母も若松の海運業を営む家の娘。子どもの頃からよく知る間柄ですが、東京・銀座のど真ん中での再会とくれば、これはもう運命的。私はロマンスの申し子ですね。

父は日本人離れした目鼻立ちで、ハンフリー・ボガードに似た二枚目。終生芸術家肌で、若き日の自画像には、哀愁と翳りが漂う美男子が描かれています。

母は当時、『婦人公論』の編集者だった姉の家に居候しながら、銀座の洋裁学校で学んでいました。

1930年代の銀座、背広姿の父と洋装の母が歩く姿は、まさにモガとモボのカップル。みんなが振り返ったことでしょう。

父が大学卒業と同時に結婚。しばらくして東京から若松に戻り、大島家の資産管理の仕事に就きました。

父の出征中、母は祖母と私と妹の世話をしながらなんとか家を守りました。終戦となり、ようやく父も戻り、家族全員揃っての暮らしが再開したわけです。

戦後とはいえモガとモボの夫婦ですから、ハイカラな生活です。美意識の強い父と自由な気風の母が作る家庭は、いわゆる世間一般のものとはちょっと違いました。

私は中学生になっても、美意識の高い父が選んだセンスのいい服をあてがわれていました。

父・大島虎雄が 20 歳のときの自画像。慶應義塾大学の学生でした

小学生時代の話です。父と夜更けまで語り明かした翌朝などは、母はなかなか起きてきません。仕方なく、お弁当を持たずに登校することに。

授業中、窓の外を眺めると、パラソルをさした母が畦道を走ってくる姿が見えます。

届けてくれたお弁当を開けると、オムレツがご飯の上にどーん！　そんな大胆でハイカラなお弁当を作るお母さんはいませんでした。

両親は、結婚後も恋人同士のような2人でした。モダンで気ままな暮らしを好みますが、現実的なことは苦手。

「この小窓にカーテンがあったらいいな」

と呟いて、何もしない父。私は見よう見まねの裁縫で小さなカーテンを作りました。

中間テストの勉強をしていると、来客中の母が私を呼びます。

「祥子が作るポテトチップスは天下一品！　ね、作ってちょうだい！」

それではと、ジャガイモを取り出し、皮をむき、細心の注意を払って1～2㎜の薄切りにします。水にさらしてでんぷんを流し、布巾で1枚ずつ水分を取る。160℃の低温の油で揚げ、しなっとなったジャガイモをすくい上げ、180℃に

油温を上げ、もう一回揚げる。パリッとなったジャガイモに塩をふって、

「お客さま、さあどうぞ！」

こんな環境ですから、何があっても臨機応変に瞬時に動く芸も身につきました。

そんな娘を母は大層褒めてくれたものです。

ピアノの発表会に出ても、スカートを縫っても、

「うちの祥子は何でも上手なの！」

と、全幅の信頼を寄せていました。


そんな我が家の食卓はというと、昭和の家庭料理とはちょっと違っていたかもしれません。

父は一滴もお酒が飲めない人。そして魚嫌い。夕食はビーフシチューやステーキなど、洋食が多かったですね。

会合などで父が出かけることがわかると、母はすぐに魚屋に電話をしてお刺身の

盛り合わせを取り寄せました。

「わさびとおしょうゆだけで、こんなにおいしいのよ」

と、うれしそうに教えてくれるのです。

母の料理は、おふくろの味というよりは、今でいうグルメ風。プレーンオムレツもお刺身も、上質な素材を生かした料理でした。

小学1年生の遠足には、手製の飴をかわいい缶に詰めて持たしてくれました。

「お友達にもあげてね」

私は飴のたくさん入った缶を振って、もうワクワクです。楽しい遠足に出発！

ところが夕刻、玄関にたどり着くなり、私はうっとしゃがみ込み、

「おえー!!」

と、いうや否や胃の中のものを吐き戻してしまいました。

後日、近所の人から私が飴を一人で食べ切っていたと聞いた母に大笑いされました。

お姉ちゃんぶっていてもまだまだ子ども。おいしいものには目がない食いしん坊だったのですね。

体調を崩した母にはあったかいご飯を、お客さまにはあるもので工夫をしたお茶菓子を。私は7歳の頃から、だれかに何かを作ることの喜びを知りました。

食事は栄養を得るためだけでなく、人と人がつながるためのものでもあると、なんとなくわかっていた気がします。

恋人同士の延長線の父と母は、それぞれの好みや主張を譲りません。互いの愛情を奪い合うように、嫉妬やケンカも絶えませんでした。

大声での言い争いに驚いたり、家を出ようとする母の背中を必死で追いかけたり…まるでドラマのような展開です。

でも、どんなにひどいケンカをしても、なんとなく収まって日常に戻っていく。子ども心に、心配しなくてもなるようになるものだ…と思うようになりました。

アメリカへのあこがれ、結婚

そんな家に生まれ育った私は、当然のことながらハイカラなものが好きでした。当時はアメリカの文化が一気に流れ込んできた時代です。ファッションやライフスタイル、そして食文化もアメリカ的なものが最先端でおしゃれだったのです。

福岡女子大学で家政学を学んだものの、心の中では（アメリカに行ってみたい）というあこがれが膨らんでいきました。

そこで、米国のＮＣＲ（レジスターなどの小売用機器やサービスの会社）の日本法人に就職を志望。面接を担当してくれた女性担当者の颯爽とした姿に、ますますこの会社で働きたいと思うようになりました。

内定をいただいたものの、７歳年上の夫と出会い、卒業と同時に結婚することが決まりました。１９６４年、私は22歳でした。

後日、我々夫婦が仲人をすることになった新郎がＮＣＲの方でした。披露宴の来賓のおひとりに「あなたがあの伝説の女性ですか！」と驚かれたことがあります。難関を突破して獲得した内定を蹴って結婚した女性がいるという伝説になっていたらしいのです。私のあこがれた面接担当者は、米国本社の部長に出世されたそうです。

夫は東京大学卒業後、日本最大の鉄鋼メーカーに就職。彼の周囲は同じようなエリートばかり。彼にとって私は「地方大学出の小さくて元気な、かわいい女の子」だったそうです。

日本は高度経済成長真っ只中、サラリーマンはモーレツに働いていました。

私が新婚時代に住んだ社宅は北九州市八幡にある鉄筋コンクリートの5階建ての桃園アパート。約6000人が生活する社宅です。

工場の煙突から吐き出される煙で、空は赤や黒に染まっていました（黒い煙には炭素、赤い煙には酸化鉄が含まれていると夫が教えてくれました）。

通退勤時間には、社宅から工場までの道は人の波が続いています。

当時、日本の会社は家族のような濃厚な連帯感があり、社宅もその延長にありました。桃園アパート自体が一つのコミュニティになっていて、なんでも助け合い、支え合って暮らしていました。

朝になると、ドンドンと玄関のドアが叩かれます。

「奥さん、階段掃除の日だよ。台所の蛇口にホースをつないで水を流して、上から順番に洗っていくよ！」ってな具合です。

社宅の妻たち総出で、5階からホースで水を流しながら、デッキブラシで階段をこすります。黒と赤の細かな塵をゴシゴシと洗い流す。それが桃園アパートの日常風景でした。

ここは半年住んだだけで、係長社宅の2階建て1軒屋に転居。

1年後、東京都杉並区和田のアパート、中野坂上のアパートと転居します。

「村上さん、糠漬け上手なのね！」

と、同じ5階に住む奥さん。

そこで、

「よかったら、ナスやキュウリを持ってらっしゃい。漬かったら渡すから」

夕方になると、4歳の女の子がピンポーン！　おままごとの買い物かごには、ナスやキュウリ、ニンジン、ときには九州から送ってきたという山椒の実なども入っています。こうして他家の漬物も引き受けました。

ここも1年住んだだけで、今度は大分に引っ越しです。高度経済成長期の転勤族とはこんなライフスタイルでした。

あるとき、「ふっくらパンコンテスト」に出場しようと、毎日パン生地をこねて焼いていると、いい匂いが階段に漂います。

2階に住む上司夫人が玄関のドアをあけて「村上さん、焼けましたぁ？」と、皆でどやどや我が家にやって来て、パンの品評会。おかげで、ふっくらパンコンテストにも入賞できました。

「おいしいものを共有することで、気持ちも通じる」を実感できた時代でした。
結婚して5年経ち、3歳、2歳、0歳の子どもの母として、私は忙しくも楽しい家庭生活を満喫していました。

ひょんなことから料理の先生に

師走。キッチンでおせち料理を作っていると、夫が「アンさんというアメリカ人女性と結婚した同僚に、『大晦日に家に来ませんか？　タッパーを持ってくればおせち料理をお裾分けしますよ』と言っておいた」と申します。

夫・村上啓助《むらかみけいすけ》は、私に相談してから先方に返事をすることはまずありませんでした。昭和ひと桁世代ですから、家飲みの時代です。夫が独身のとき、上司宅で夕飯を食べさせてもらったのと同様に、独身寮にいる部下を連れて帰ります。私がすべて飲み込んで対応してくれると信じていたのでしょう。社宅生活では、それが奥さんの「甲斐性」というものでした。

その後、同じアパートに住むことになり、私の手料理を届けたり、アンさんに簡単な和食を教えたりと、おつきあいが始まりました。

ある日、アンさんは東京アメリカンクラブの集まりで、私のことを話したそうです。すると、「その人に日本の家庭料理を教えてもらいたい！」という人が続出。日本人と結婚したアメリカ人11人ドイツ人1人の計12人で「アンさんの料理教室」がスタートしました。私が27歳のときでした。

そのとき私が考えたのは、なじみのない異国の料理を習って亭主に作ってあげるには、再現性の高さが必須ということ。

料理教室の発起人である望月アンさんがアメリカから持参した『Encyclopedic Cookbook』（Culinary Arts Institute）（日本の辻調理師専門学校のような学校の料理本）を見せてもらいました。

さすがは多民族国家アメリカです。どんなバックボーンの人でもわかるように、徹底してマニュアル化されたレシピ本でした。私は大きな衝撃を受けました。

これを機に、私が作るレシピは材料も調味料も分量を明確にするように心がけています。

「吸い加減に味を調え……」といった当時の料理書とは全く違ったものになりました。それが今日に至ります。

ひょんなことから私は料理の先生になりましたが、夫が東京から大分に転勤することになったのでアンさんの料理教室は1年でおしまい。

社宅ができるまでの急場しのぎに借りてもらった一軒家住まいの大分でも、独身寮住まいの部下に夕飯をふるまいます。ある日、ある部下の方から「東京の本社で仲良くなった彼女と結婚することになったので料理を教えてくれませんか」と申し出が。

その方が友人を誘い一緒にレッスン。ようやく社宅用アパートが完成し、そこへ転居。噂が広まって、大分市内からの生徒さんも増えていきました。最初は1人から始まった料理教室も、4年後に私が大分を去るときには90名に。出発の際、大分駅のプラットホームに生徒さんたちが集まり見送ってくれました。

その後、さまざまな土地に引っ越しましたが、ずっと料理教室は続けてきました。今も休むことなく、55年も教え続けています。

異国の食との出会い

私は子どもの頃から無類のコンテスト好き。小学生のときに『少女倶楽部』にお菓子のレシピを投稿したことに始まり、前述した「ふっくらパンコンテスト」など、事あるごとにチャレンジしていました。

専業主婦から料理教室の先生を始めた私にとって、料理コンテストは腕を磨き、それを確かめる絶好の機会だったのです。

自ら宣伝をするわけでもないのに、生徒さんはどんどん増えていきます。家庭料理の基本を教えていても、何かおもしろいワクワクするようなレシピも加えてみたい。それを料理の専門家である審査員の方々に評価してもらいたいと思いました。

コンテストの応募を重ねるにつれて、私はその「傾向と対策」を練るようになりました。コンテスト自体の目的やコンセプト、また審査員の顔ぶれなどを確認して、レシピの方向性を決めるのです。

「この先生がいるなら、ちょっとフレンチの要素も入れようかな」

「簡単だけど、『わあっ！』と喜ばれるようなインパクトも大事ね」

といった具合です。

カルフォルニアに本社のあるアーモンド会社が主催する料理コンテストにも、そんな調子で応募しました。

言うまでもなくカルフォルニアのアーモンドを日本に普及させるためのコンテストです。当時の日本では、今のようにアーモンドは定着していませんでした。条件はお菓子ではなく料理のレシピを作ること。

いろいろと考えては試作を繰り返し、できあがったのが『ポークハワイアン　アーモンドクリーム添え』。

パイナップルジュースで煮込んだ角切り豚バラ肉に、牛乳とアーモンドで作ったクリームソースをかけます。アーモンドの形は見えないけれど、ソースにはしっかりとその風味と味が感じられるレシピです。

オリエンタルな風味も入れてみようと、豚肉をパイナップルジュースで煮た自信作でした。

その頃、夫に東京転勤の辞令が。私はダンボール箱を積み上げ、引っ越し作業に追われていました。そのとき、床に置いた電話が鳴り、出てみると、

「村上さんですか？　カルフォルニアアーモンドの料理コンテスト決勝に残りました。東京の本選に来てください」

との連絡が！　あと数時間で電話回線は切れるところでした。

本選に出場したところ、グランプリを獲得！　表彰式に出席するためアメリカに招待されました。学生時代からあこがれていたアメリカを初めて訪れたのです。

私はアンさんの料理教室で、アメリカ人女性たちとつきあってきました。彼女た

ちからアメリカでの生活や文化について聞いたり、レシピを教えてもらったりしました。でも現地に行くとちがいます。私は五感をフルに使って、アメリカを体感しました。

特にショッピングモールの大きさには驚きました。当時、日本にもスーパーマーケットはありましたが、その規模が全然ちがいます。売っている商品の種類と大きさにもびっくり。冷凍食品やインスタント食品が充実していて、惣菜やピザ、デザートは、温めればそのまま食卓に出せます。

すでにアメリカの都市部では、キャリアウーマンが活躍していた時代。効率的に料理ができる環境もその要因なのかなと思います。

料理研究家としてデビュー!!

この料理コンテストをきっかけに雑誌『ミセス』にデビューしたのは、33歳のことでした。私は「料理研究家」という肩書きをいただきました。

1970年代、日本経済の成長と共に、日本人の暮らしは変わりつつありました。従来のような母親直伝の家庭料理だけでなく、洋食や中華などの料理を家庭でも作りたいというニーズが増えてきたのです。

出版業界も好景気で『家庭画報』『マダム』といった、隅々にもピントの合ったプロのカメラマンの写真を多用した厚い女性誌も人気でした。その料理ページに、料理研究家・村上祥子として仕事をもらえるようになりました。

「家庭でもできるおもてなしの洋食メニュー」「簡単なのにおいしいデザート」など、料理ページの「お題」が毎回持ち込まれます。

私はそれに対して、一生懸命考えてベストなレシピを作成。頼まれると「はい、お受けします！」とやる気になるのは子どもの頃から変わりません。

それまで私が教えてきた料理教室の生徒さんの顔を思い浮かべながら、できるだけわかりやすく、再現性の高いレシピを提案してきました。

時代は変わりました。かつて女の子は子どもの頃から母親の手伝いをして、そのなかで料理の技術を身につける。必要があれば、結婚前に料理教室に通って、さらに腕を磨いて良妻賢母を目指したものです。

しかし、日本でも結婚・出産を経ても働き続ける女性が現れます。また、子どもの頃に家事の手伝いではなく勉強をさせるという家も増えてきたのです。

料理を手伝ったことも習ったこともなく「料理ができない」と自信のない女性、あるいは仕事と家事を両立させるために「できるだけ簡単なレシピを！」という女性も増えてきた頃です。

そこで私は、前述したように材料や調味料についてはできるだけ明確に記載。高度な料理技術がなくても作れる工夫、料理の基礎がわからなくてもできるコツを取り入れることを心がけました。

すると、仕事の依頼がどんどん増えます。

「少量作るときには電子レンジが大活躍」（『栄養と料理』１９９１年1月号）、「少量おせちポイント集」など、毎年1月には、必ずどこかの月刊誌で、私のおせち料理レシピが掲載されるようになりました。

昭和の日本の家庭料理は、専業主婦が大家族のために作るもの。

しかし、すでに時代は核家族化へ。お客様が来るたびに大量に作ったおせち料理をお重に詰めることも少なくなりました。

母親や料理本から学んだ方法では、おせちや食材が余って困るとおっしゃる方も多かったのです。ライフスタイルに合ったおせち料理が求められていました。

また、数年後には、料理だけでなく家事にまつわるページを担当することに。

「眠っている缶詰、乾物で奥の手メニュー」、「フライパンでおやつ（パンプディング、バナナパン、マセドアンクッキー）」、「誰も教えてくれない普通の料理の基本大公開」、「料理、洗濯、掃除のスピードアップ」、「おしゃれ弁当、速攻ワザ」。

30年前に担当したページのタイトルを眺めていると、時短や早ワザ、タイパといった言葉が流行るずっと前なのに、基本を踏まえた効率的な料理・家事について取り上げているものも多かった気がします。

私自身がワンオペで家事と育児をやりながら、仕事を始めたことも要因です。昭和の家庭では、仕事を理由に家事・育児が疎かになることは許されませんでした。

それなら！　と、パパっと、でもきちんとできる早技を、自分のために編み出して、それを読者の方に公開していたのですね。

料理教室はライブ！

「村上祥子料理教室」は今年で55年目を迎えます。

生徒さんは常連の方も多く、なかには通いはじめて30年という人も！

だからこそ、毎回参加しても飽きないように、レシピや内容には気を配ります。

毎月のメニューは、前回のアンケート内容を参考に決めます。生徒さんの興味・関心、そして困りごと。さらには、最近のトレンドや季節感も考えてメニューを考えていきます。

たとえば、2023年11月に開催した教室のテーマは「クリスマス」でした。いつものように、生徒さんのアンケートをもとに、普段とはちょっとちがうクリスマスメニューを考えました。最初10品ほど考えて、試作を繰り返し、スタッフの意見も入れて、最終的なメニューに絞り込みます。

1 乾杯！　かぼすサワー&トリュフオイル
2 元気の元　にん玉ジャム®
3 キンパ
4 フライパンで焼く　みつせ鶏ローストチキン
5 Christmas Salad ～甘酒で作るごまドレッシング～
6 ミネストローネ
7 カレードリア
8 レンジでぬか床・ぬか漬け
9 グルテンフリーのかぼちゃパン
10 コーシャのチーズケーキ

11　フルーツのゼリー寄せ

私の教室は、福岡のスタジオで行っています。

大きなシンクと作業台を前にヘッドセットを装着した私が立ち、後ろの広いキッチンスペースで5人のスタッフが下ごしらえをする。生徒さんたちは椅子に座って、私が1から10まで料理をしているその様子を見ながら、同時に行う私の説明を聞きます。

この教室の生徒さんはほとんどが女性で、常連の方も多いので、基本的に料理ができる、日頃料理をしている方たち。調理実習はなし、村上のライブを観る・聞くといったスタイルの教室です。

私がメニューの一つ一つの手順を説明しながら、重要なポイントはていねいに調理を実演。焼き具合や混ぜ具合などは、鍋やボウルを皆さんに回して、見て、香って、確認してもらいます。

スタッフは皆慣れており、打ち合わせも入念に行ったとはいえ、当日はハプニングも起こります。みんなそれぞれ、自分の担当する料理の準備をしながら、

「じゃあ、先に『にんたまジャム®』をお見せしましょう」

「ミネストローネは電子レンジで10分加熱。その間にカレードリアのひき肉を炒めましょうか」

と、私は隙間時間を作らないようにどんどん進行していきます。スタッフは予定より早くフライパンを出したり、ボウルに入れたものを混ぜ合わせたりすることも。大変です。レッスンだけ受けて、料理は持ち帰りの方用に、一品ずつレンチン可能な容器に詰める作業も。

私の頭の中では俯瞰的にスタジオが見えているので、生徒さんから見て美しく清潔な調理風景を実現したいという理由もあって、

「台布巾ください」

「使い終わった調理器具は流しに下ろして」

と、小声で注文や指示を出します。

教室のはじめにオードブルに始まり、デザートで終わるコース仕立てのテキスト（約15ページ）を生徒さんに配布し、それを読めばわかるようになっています。でも、実際教室が始まるとそのレシピの順番通りには進みません。焼いたりレンジで加熱している間に、栄養素や材料の説明などもします。いきなり「後ろのページにいきます」と一言述べて飛んだり、戻ったり…。

生徒さんたちに「レシピ数を減らしましょうか？」と何度か相談しましたが、数が多い方がよいそうです。

とにかく2時間、私もスタッフも（そして生徒さんも）休むことなく真剣に走り続けます。「この緊張感とエネルギーが好き」という生徒さんも少なくありません。

「先生のエネルギーをもらいに来ました」

「先生の料理に対する姿勢が大好き」

と言っていただくと、マンネリなんてもってのほか、毎回が真剣勝負…となるわけです。

無事にデモ型授業が終わると、ランチタイム。

実際の調理の仕上げは、生徒さんたちがダイニングルームに移動し、着席なさったら、オードブルから順にできたてを出します。

ここでも生徒さんたちは興味津々。

「かぼすサワーにトリュフオイルをたらすと、おしゃれな味！」

「フライパンで焼いたチキンの皮がこんなにパリパリになるなんて！」（冷たいフライパンで焼き始めるのです）

「たくさんの素材のバランスが最高！　レストランのサラダみたいね」

と、隣りの方と感想を言いながらの食事はとても盛り上がります。

おいしいものは人と人をつなぎます。

初参加の生徒さんも、たちまち馴染んで仲良しに。また、久しぶりに参加した方は同窓会のように、旧交を温めています。

私はにぎやかに盛り上がっているテーブルに小さな椅子を持って移動しながら、お一人お一人の感想をうかがい、質問を受けます。

この時間もとても楽しく（料理教室を続けてきてよかった！）と思います。

料理教室のメニューを考えるとき、こだわっているのはあくまでも「家庭料理」であるということ。肉、魚のメイン料理各1品ずつ。アンケートのご要望で他にも肉料理をプラスすることも。野菜2品、保存食、常備菜は季節に合わせて。デザートは2品。バレンタインデーやホワイトデーなどがある月はもう一品増やすことも。

クリスマス、正月、入学、入園、卒業、旅立ちなどのテーマに合わせてメリハリをつけ、季節の食材と合わせて献立を作ります。

小魚を使ってほしいという要望もありますが、毎日コンスタントに手に入らないことが多く、その方には私が作成したレシピをお渡ししています。

「村上祥子 料理教室」の日常風景

調理中の村上先生。
みなさん真剣なまなざし！

「レンジで作るぬか漬け」のための
仕込み中

デモ型授業が終わると
ここでランチタイム♪

「村上祥子料理教室」は、
立ち見も出るほどの大盛況

家庭料理へのこだわりから、近所のスーパーで買える食材で、一、二品は手の込んだものを入れ、あとは早・うま・簡単に作れるレシピを、と考えています。

ただ「簡単！　おいしい！」だけではありません。私は早い時期から電子レンジ調理を研究してきたこともあり、要所要所で電子レンジを使います。

でも、食材の扱い方や混ぜ具合、火入れの仕方など、微妙なところで味が大きく変わるポイントがあります。そこについては、理解してもらえるように、ていねいに説明します。

また、せっかくていねいに作っても、「それなり」に見えなければもったいない。

「レストランや料理屋さんで食事をなさったときに盛りつけ方もご覧になってくださいね」

と一言添えて、華のあるお皿の盛り込み方もお目にかけます。

クリスマスやお正月などハレの日の料理は、家族にとって食べ慣れた味つけであると同時に、ワクワクと満足感を与える必要があります。

外食やお取り寄せでは味わえない、あたたかみのある「我が家のごちそう」は、家族の笑顔と共に一生の思い出になると思っています。

電子レンジにひとめぼれ

村上祥子といえば電子レンジ。

そんなふうに私のことを覚えてくださった方もいるのではないでしょうか。

1970年頃、大分のアパートのお隣さんが、

「神戸の実家に帰ると電子レンジがあって、何でも短時間で温めてくれるのよ！」

電子レンジは知っていましたが、この一言がきっかけで家電フェアに行ってみました。

「レンジにかけるだけで、なんでも温まりますよ」

という売り込みに熱心な家電ショップの社長さん。

半信半疑の私はタクシーで家に戻り、持ってきた家族5人分をまとめ作りした耐

熱皿の冷凍グラタン（22㎝×22㎝×5㎝）を渡して温めてもらいます。

ところが、20分経っても解凍しません。熱くもなりません。「湯せんしてオーブンで焼く方がずっとよい！」とグラタンを持ってそのまま家に帰りました。

その後、家電ショップの社長さんが自宅にやってきました。

「奥さんには大幅に値引きします。その代わり、電子レンジを使ってわかった情報を教えてくれませんか？」と言われました。

製品の開発はできたけれど、使い方は購入した人が考えてくれた製品です。後に仕事を一緒にすることになった大手家電メーカーさんの言葉です。

思わぬ戦利品が我が家にやってきました。

そのときは、「温める」機能ばかりに着目。パン、ご飯、パイなど、手当たり次第にやってみる感じです。

「ゆで卵になるかしら？」と考え、殻付きの生卵をレンチンして、扉を開けた途端に、バーン！と破裂。ちりぢりになった卵をまともにかぶったことも…。

好奇心旺盛な私は、なんでも試してみないと気が済まない。電子レンジに夢中でした。

電子レンジ料理の本はアメリカで出版されたもの。どうしても洋食が多くなります。

夫に「いつものご飯が食べたい！」と言われても、私は試作をやめません。夫はついに、

「電子レンジなんか捨ててしまえ！」と言い出す始末。

電気釜を捨ててしまった（！）過去を持つ彼に合わせて方向転換。

電子レンジを使ってご飯を炊く、ゆでる、蒸す、炒める、煮る、揚げるなど、一通りの日本の家庭料理ができるようになりました。

電子レンジは、食品の中の水分を電磁波が揺り動かして加熱する調理器具です。ちなみに電磁波とは、空気中を流れる電気エネルギーのことです。

電子レンジの最大の特徴は、効率的に加熱できること。食品100gあたり、

600Wなら2分で加熱が完了。食材の大きさではなく重量に応じた加熱時間を設定すれば火が通るので、ふぞろいな切り方でも大丈夫です。

また、食材の水分によって調理が行われるので油は風味づけ程度ですみます。調味料は通常の3分の2で味つけができ、栄養やうま味は逃しません。

キッチンで「電子レンジ」を使うマニュアルを作り上げていきました。

それが思わぬことに結びついて、「電子レンジ調理の第一人者」と呼ばれるようになるのです。

糖尿病食を電子レンジで

1989年、私は公立大学法人福岡女子大学に非常勤講師の職を得ました。

私が受け持つ病態栄養指導講座は、糖尿病の予防・改善がテーマ。

病院食、治療食といっても特別なものではありません。元を正せば家庭の食事です。

当時の糖尿病の治療食は、エネルギーは1200キロカロリーと極端なものがありました。私は1600キロカロリーに設定し、その他の栄養素は過不足なしの摂取に。これさえ守れば、和、洋、中華、エスニック風。どの料理を食べてもよいのです。

患者さん用には家庭で1人分だけ調理すればよいのです。

ここでピン！　ときました。

私が20年以上取り組んできた電子レンジの調理がぴったりなのです。

電子レンジはゆでる、蒸す、煮る、煮込む、焼く、ソテー、揚げるなどの調理が油控えめでもおいしくできます。

フライパンや中華鍋を使った料理に比べれば、油の使用量は5分の1程度。

レンジ料理は食材の持つ水分＋調味料で仕上げますから、鍋でゆでる、蒸す、煮る調理と比べると栄養成分が多く残ります。調味料は通常の3分の2ですみます。

あるテレビ番組の依頼で、食材も調味料も同じ条件の「肉じゃが」を電子レンジと鍋で作って、食品分析センターに依頼したことがあります。

電子レンジで作った「肉じゃが」は鍋の「肉じゃが」より、アミノ酸もビタミンも30パーセント多く残っていました。

家庭なら、家族分の食材をすべて切り揃え、患者さん用の1人分だけ耐熱ボウル（または耐熱皿）を使って電子レンジで調理することが可能です。使う道具は耐熱用食器だけ。後片付けも楽チン。

糖尿病の治療食は、365日、3食作るわけですから、家庭内で継続できることが理想です。

電子レンジなら、家庭で糖尿病の治療食ができる！

そう考えた私は、さっそく大学の講座で、電子レンジを使った糖尿病予防・治療食を教えることにしました。

ところが、当時大学にあったのはオーブンレンジ。庫内は鋼鉄で囲われているため（電磁波は金属に当たると入角と同じ角度で跳ね返り食材内の水分に吸収されず)、普通の電子レンジの4倍時間がかかります。

仕方がないので、自前の電子レンジと耐熱ボウルを実習教室に運んで、学生に電子レンジの調理を教えました。

その後、私の話を聞いた大手家電メーカーから電子レンジ寄贈の申し出があり、調理台の数だけ電子レンジが準備されました。

そのおかげで学生たちは電子レンジの仕組みと使い方を習得し、夏休みの病院実習でも、体験入院の糖尿病患者さんに教えることができ、重宝がられました。

それを「祥子の家庭料理」という記事を週一回掲載していた西日本新聞社に行って話したところ、「電子レンジで祥子流」のコラムも誕生。

西日本新聞用の「電子レンジで祥子流」の記事が、講談社の資料課の目に留まり生活文化局局長に届けられます。音羽の講談社に呼ばれて行くと、「『電子レンジで祥子流』を書いていますね。だしを取ったり、お米を炊いたり、普通の家庭料理を電子レンジで作る。男女雇用機会均等法の時代、個食化が進む今日、これは絶対に当たります。石油の鉱脈を探し当てたようなものです」

と、生活文化局長に言われました。

私はすっかり石油王になった気分。すぐ執筆に取り掛かり、講談社から『電子レンジに夢中』を出版し、ベストセラーに。その後もさまざまな出版社から電子レンジを使った料理本を上梓し、その数500冊を超えます。

「電子レンジで調理する」という考え方は、特殊なことではなくなりました。

電子レンジで食育を

子育てをしていた頃、私が台所にいると、

「なに、作ってるの？」と、料理をする私の手元を見て、子どもたちはよく聞いていました。

「僕がサラダ作ってあげる」と、見よう見まねで野菜を洗い、塩を振って、酢と油をかけてお皿に盛りつけました。

まだ食育という言葉のなかった時代ですが、子どもと食について考えるきっかけとなったのがこの体験です。

2000年3月、『ママと子どもがハマるお料理手品』（講談社）を出版しました。巻末に「出張『親と子のお料理手品』。あなたの街の小学校、学童クラブ、幼稚園、保育園に村上祥子さんが来て、お料理手品と楽しいお話をしてくださいます。条件等は事務局までお問い合わせください」と載せています。

以来、申し出のあった幼稚園や保育園、幼児教育研究会などに多数出張します。ミツカンの協賛を得て「ミツカン食の体験講座」を、東京、名古屋、大阪、札幌、福岡と主要都市で16回開催。中日新聞、四国新聞、読売新聞、朝日新聞、岩手日報、秋田魁新報、静岡新聞などで報道されました。

2001年4月には、日本コロムビアより、ビデオ『村上祥子のお料理手品』を発売しました。

文部科学省学習指導要領の改訂に伴い、2002年度から総合的学習の時間が設けられることになりました。

「遊び感覚のお料理手品は家庭科から理科への興味、そして、そこから引き出される自分の健康を考え、維持する力も知らず知らずのうちに身につきます」と、各小学校にメッセージを届けました。

その内容は電子レンジを使ったやけどの心配のないおやつ作り。電子レンジは食育に最適な調理器具です。

今、日本の学校教育は子どもたちの「生きる力」を育てる方向に舵を切っています。学校給食では、「シニアになった時でも要介護にならない食べ方」への取り組みが進められています。

「子どもたちが命の灯をともし続ける助けになる『赤・黄・緑の3色の食材』を摂る」が、無意識のうちに身につくように、文部科学省でも、学校、子ども、家庭で意識の共有をはかっています。言い換えれば、「つながる食育」です。

㊬ 血や筋肉の元になるたんぱく質食材。肉、魚、卵、乳製品、大豆とその加工

品など。

㊖ 体の中で糖質に変わり、血液にのって体中をめぐり、エネルギーを供給する炭水化物食材。ご飯、餅、うどん、そば、パンなど。

㊘ 腸活の原点になる食物繊維の供給源で、体を整え、代謝を助けるビタミン、ミネラル、ファイトケミカルを含む食材。野菜、フルーツ、海藻など。

日本人なら90％以上の人が学校給食を食べた経験があります。いくつになっても3色の食材に戻って食事を摂れば、健康な食事の目安がつかめます。

健康に生きていくための三本柱が、運動、睡眠、食事。

1日を3で割ると8時間。1日3回の食事は12時間以内に収まっていれば、おやつを何度かつまんでも、BMI値は25以内で収まるとも言われています。

8時間の睡眠を取り、8時間仕事をし、8時間を自分のために使うことで、ストレスの少ない生活を送ることができるとも。

これが、私の考える食育の基本です。

ミニシェフクラブ誕生！

１９６０年代後半、アメリカは深刻な健康問題を抱えていました。心臓病や生活習慣病の増加が問題となり、１９６８年から１９７７年の10年間に及ぶ医療実態の調査を行います。

それらをまとめて合衆国上院で答申書が提出されます。審議会の委員長を務めたマクガバン上院議員の名前をとって「マクガバン・レポート」と呼ばれていますが、「すべての原因は食生活に基づく。つまり『食源病』である」

と結論が下されたのです。

また、レポートの理想とする三大栄養素の摂取割合が、１９７０年代の日本の国民栄養調査のデータと合致したことから、日本型の食事が理想的な食事であると発表されました。世界の栄養学の専門家が議論し「日本型食生活」と命名。

1980年代、日本ではそれを受けて、日本型食生活をあらためて定義する指針が立てられます。

目標は1日30品目。一汁二菜（主食+主菜、副菜）または一汁三菜（主食+主菜、副菜2点）が日本型食生活とされます。

2000年には「健康日本21」として、日本型食生活の理想的なバランスを定義。2005年には「食事バランスガイド」（厚生労働省、農林水産省監修）を策定しました。

現在、毎年実施される国民栄養調査の結果では、脂肪は摂りすぎ、野菜の摂取量は目標値に及ばないことがわかります。

そこで、原点に帰って、「健康日本21」の目標値を目指すことに。

つまり、主菜（肉・魚などのたんぱく質食品）を150～175g、副菜（野菜）を350gの割合です。（※1人分、20歳以上）

より多くの人に、この食事を習慣にしてもらうにはどうしたらいいのか。

私は「三つ子の魂　百まで」と考えました。

子どもの頃から、ご飯を食べる。肉（魚・卵・乳・豆）を食べる。野菜をたくさん食べる。そしてよく噛む――これらを習慣化することです。

そこで私は3歳児を対象とする「ミニシェフクラブ」を作りました。

2歳になると体内に人間として必要な酵素の数が整います。
3歳になると、自主的にやりたいという気力が芽生えます。
おとなは口出し、手出しは無用に願って
3歳さんが1人で調理し、電子レンジで加熱し、自分で食べる。

以上が、「村上祥子のミニシェフクラブ」のコンセプトです。

「食事バランスガイド」に沿って、「日本型食生活」を学び、知らず知らずのうちに「食べ力®」を身につけて、子どものうちから生活習慣病の予防を目指す教室です。

ミニシェフクラブ6カ条

1、調理器具はミニシェフナイフ※、まな板、電子レンジ。

2、ミニシェフさんは1人で調理をする。トレーニングを受けたスタッフがケガのないようにサポートします。

3、保護者は村上祥子の講義を聴き、メモをとり、写真で記録する。

4、メニューのエネルギーの割合は、たんぱく質：脂質：糖質を、15：25：60に組み立てた日本型食事。素材は炭水化物（＝エネルギー源）の主食、たんぱく質（体を構成する）の主菜、ビタミン・ミネラルのもとの野菜（体の機能を調整する）の副菜の3点で構成。

5、素材は原形で。野菜はにんじん、れんこん、だいこん、きゅうり、キャベツなどを丸のままの形で触り、切り分けて一人分を渡す。魚はいわし、あじ、さば、たい、あさり貝などをはじめに切り身を渡してミニシェフさんが調理。ムニエルやあら炊きに仕上げて保護者と共に試食。レッスン終了後、タイなど一尾そのまま見せる、自分で持つ（下すのは村上）。肉類はかたまり肉で、各自フードプロセッサーで挽肉に。

6、基本調味料（塩、砂糖、酢、しょうゆ、サラダ油、水等）はすべて味見をして使う。

※村上祥子考案・開発のナイフ。凹部のみに刃をつけた波刃の安全性の高い重さ30gの包丁。

「これ、3歳の子どもができるの？」

と思われるかもしれません。でも、できます。

1回目のミニシェフクラブでは、ハムチーズパン（粉から作ります）とカリコリサラダ。お母さんと一緒にドーナツも作ります。

2回目のメニューは、おにぎり、タイの旨煮とキャベツのバター煮、トマトのみそ汁です。

ミニシェフさんは、野菜を持ってみせると、「ニンジン」「キュウリ」と、友だちのように呼びます。

魚も丸ごと1尾ですから、おっかなビックリ。魚の重さを両手で感じたり、ウロコの硬さに驚いたり。

「この魚、死んでるの？」

と聞いてくる子どもには、

「そうよ。だから、食べられるのよ」と答えます。

自分たちは魚の命をもらって、生きていることを漠然と感じとります。

食材を見て、触って、匂いを嗅いで、味見をして、音で確認する。

料理は五感を刺激します。

また、料理は科学でもあります。

人間は、火を使うようになってから、加熱や発酵などの化学的な変化を利用して、食材を消化・吸収しやすい形にし、その方法を記憶し蓄積してきました。

料理をすることは、科学的な目や考え方を養うことでもあるのです。

ミニシェフクラブは2004年から5年間、東京と福岡で合計127回、行いました。

「村上祥子のミニシェフクラブ」と「村上祥子のミニシェフナイフ」はキッズデザイン博2009に出展し、第3回キッズデザイン賞を受賞しています。

第2章

動く、働く。

第2章

空飛ぶ料理研究家の日常とこれから

私、村上祥子は「マグロちゃん」と呼ばれています。
常に動いていて、とどまることがないからです。
そんな私の1日はこんな感じで始まります。
チュン
チュン
5時半起床。
うがいと歯みがきをしたら、
電子レンジで作ったミルクティを飲みながら、
今日やることを整理します。
元気の素「にんたまジャム®」を一さじペロリ。

仏さまにご飯を
お供えし、
お水とお花を替えて、
ろうそくを灯して
お線香をあげて
お参り。
部屋を掃除して
洗濯物を
畳んだら、
朝食をとります。
3階に戻ったら、
テレビのニュースを見ながら、
30…40…
60…
トランポリンを100回跳びます。
お風呂に入って
着替えをしたら
スタジオ（2階）へ
出勤！
おはよう
ございまーす
朝思いついたことや
やるべき仕事などを
付箋に書いて
A4用紙に
留めたものを
スタッフの机へ。

元気のもとは、
1日三食、コツコツ食べること。
食べるが早道、安上がり！
私の朝・昼・晩の食事例を
ご紹介します。
[朝食 AM5:00 〜 6:00] 忙しくても必ず食べる！
定番を決めちゃうとラク！
たんぱく質と野菜（鶏ひき肉 50 g + にんじん、ピーマン 10g）みそ汁
チーズ 1かけ（10g）
温泉たまご 1個
納豆 1パック
発芽玄米と白米 mix ご飯（150g）
きゅうりのぬか漬け
[昼食 PM13:00 〜 14:00] 炭水化物は活発に動く昼に！
脳のエネルギーのブドウ糖は50gゲットすると8時間安泰！
ミルクティ
小さめのバゲット2つ
ローストビーフとチーズ
マカロニサラダ

[夕食 PM21:00 ～] たんぱく質は睡眠で吸収率の上がる夜に！
本日使い切ったたんぱく質をチャージ！朝の快適なお通じのためにも
おでん（市販品）1パック（300g）
たんぱく質
・ごぼう入りさつま揚げ１本
・さつま揚げ１個
・ちくわ１本
・卵１個
ホウレンソウ150g（レンチン後、水にとって絞る）
私はダイエットを1度もやったことはありませんが、
体型はここ20年でほとんど変わっていません。
元気な体の源、
それは私の持つ
「食べ力®」。
おいしく食べて1日元気に過ごすためには、
食べ過ぎも
食べ不足も
よくないのです。

マグロちゃんの
私は
とにかくよく
歩きます。
ほぼ毎日、自宅から
繁華街・天神まで
歩いています。
自宅から、夫の
菩提寺まで。
2000歩
お参りしたら、
今度はプロ仕様の
食料品店まで。
1000歩
さらに
1000歩
デパートで
高級食材を購入。
往復で、トータル…
約8000歩
バッグの中は買った食材で
10キロくらいに。
生活の中で
自然に歩くことが
健康維持の秘訣です。
ただいま！

子どもたちが独立したり、1人暮らしが始まったり、ライフスタイルが変わるたび、
私はいらないものを処分。シンプルな暮らしを再構築しました。
自宅の床面積は、165㎡ですが、
普段過ごしているリビングキッチンは7・5畳。
この空間で好きなもの、必要なものに囲まれて暮らしています。
そんなシンプルな暮らしは
とても効率的で気持ちがいいのです。

仕事はとにかくおもしろい！
雑誌や新聞の連載。
テレビや雑誌の取材
講演
研修会
本の執筆
頼まれた仕事はほぼ引き受けて
えーと明日は…
目の前にあるものから片付けることにしています。
料理教室は今年で55年目を迎えます。
たくさんの生徒さんとおいしい料理を味わい
おしゃべりをする時間は至福のひとときです。

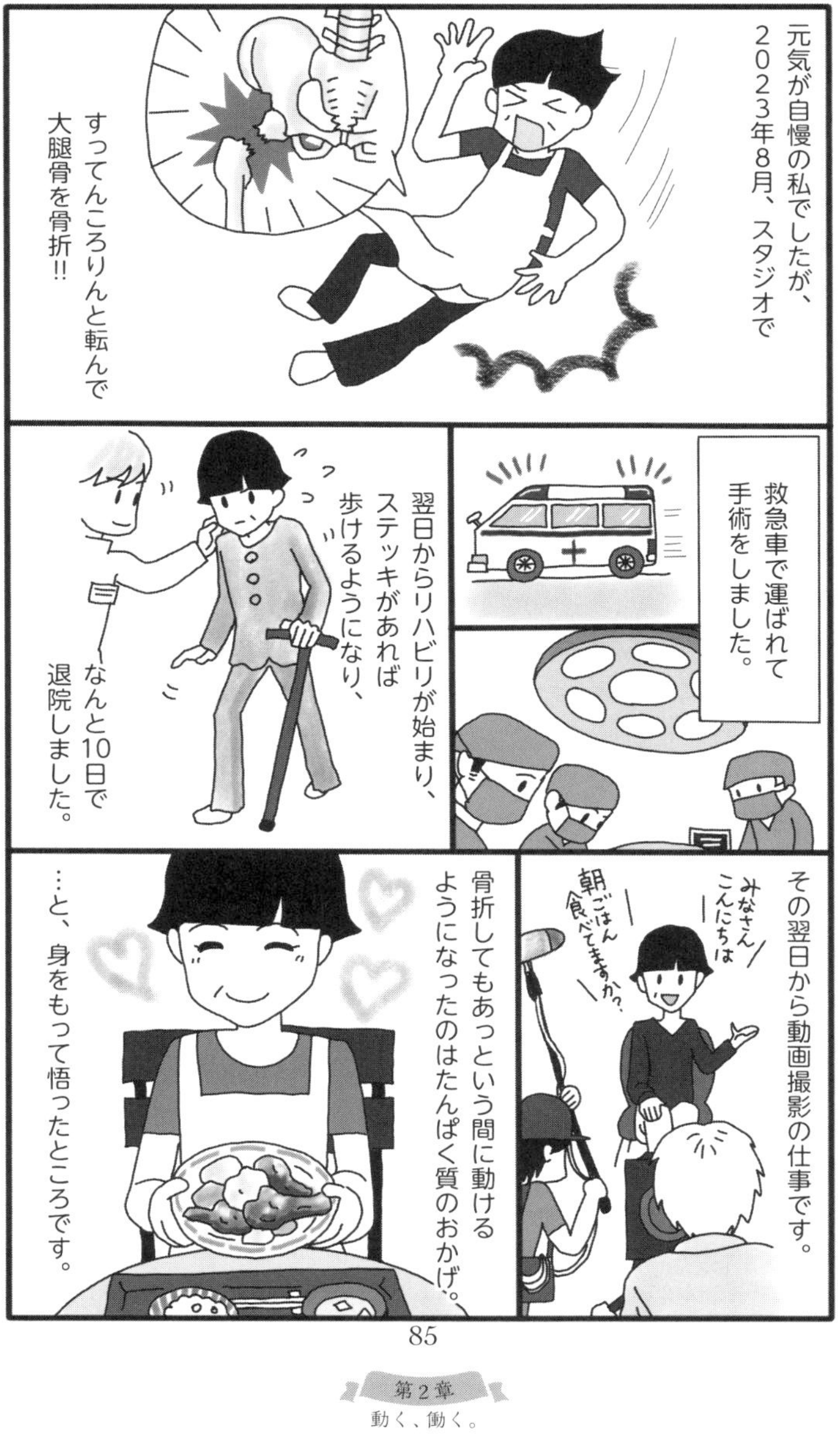
元気が自慢の私でしたが、2023年8月、スタジオで
すってんころりんと転んで大腿骨を骨折!!
救急車で運ばれて手術をしました。
翌日からリハビリが始まり、ステッキがあれば歩けるようになり、
なんと10日で退院しました。
その翌日から動画撮影の仕事です。
みなさんこんにちは
朝ごはん食べてますか？
骨折してもあっという間に動けるようになったのはたんぱく質のおかげ。
…と、身をもって悟ったところです。

「どうしてそんなに元気なの?」
とよく聞かれますが、
エネルギーは
天下の回りもの!
使えば使うほど
また入ってくる!
と信じています。
いっぱい使っても、
夜寝ている間に
リカバリーして
おやすみなさい
朝になったら
シャキーン!
フルパワー
充電完了!
これからは
人生100年時代。
先回りして心配せず、
クヨクヨせず、
おはよう
「自分のベストを
つくしてみる」ことが
大切です。
そして、
「いわれなき確信」に
基づいて物事に
取り組む。
そうすれば
「きっと、うまくいく」
んです。

そんな私の夢は、
お昼時間だけ営業する
村上食堂
を開くこと。
いらっしゃーい
保健所の許可もとって、
営業許可書
はーい
手伝いたいという人もいます。
一人暮らしの人や
ちょっとおしゃべり
したいなあという人が
こんにちは
お久しぶりです
今日は何じゃろう……
ぶらりと立ち寄って
私の作った定食を
食べる。
テーブルには
話の花が咲いて
みんな笑顔に…
そんな風景を
夢見ているのです。

母のお墨付きがほしかった

私は仕事が大好き。

これから先も、「え、この人まだやってるの?」と思われるぐらい、ずっと仕事をしていたいと思います。

私の世代では、女性が結婚・子育てしながらも仕事を続けることは珍しいことでした。

でも、私は仕事がしたいと若い頃から思っていました。

それは母の影響が大きかったのではと思います。

母はとても進歩的な考えの人でした。

当時住んでいた疎開先の半農半漁の小さな町での話です。選挙の立会演説を聞いているとき、挙手をして、自分の意見を述べたことがあったとか。周囲から引き留められるほど、堂々とした話しっぷりだったそうです。敬虔なクリスチャンでもありました。

母は気丈で美しく、嘘のつけない人でした。

私が作ったポテトオムレツを母に差し出すと、一口食べて、

「これ、おいしくないわ！」

と一言。

こんな場面でも、母は心にもないことは言えないのです。

私は傷つくどころか（次はおいしく作る！）と意欲が湧いてきました。

「母を喜ばせたい」という気持ちが、私を料理に目覚めさせたのかもしれません。

だから、母から与えられた仕事は、一生懸命やりました。

料理でも裁縫でも、私が上手にできたときは、母はとてもほめてくれました。

嘘のつけない母がほめてくれるのですから、それは「お墨付き」ということなのです。

5歳になるとおつかいに。母は内職のセーターを編みながら「にんじん、きゅう

り…」など口伝えます。私はそれを近所の店に買いにいきます。

「さちこちゃんはしっかりしとらっしゃる。物を選んで買いなさる」

と言われていたそうです。

当時の台所は土間で、おくどさん（かまど）や七輪が並んでいます。好奇心旺盛な私は、1人で勝手に料理をするようになりました。母は知っていたはずですが、止められることもありませんでした。

小学6年生で北九州市に転居。両親は画材店を開業。毎日出勤。自宅はお手伝いさんが取り仕切ります。お手伝いさんが変わると、

「この子（私）に尋ねてね」

となります。

家事のあれこれを学ぶ際、目の前のことに集中しながらも、頭の中では段取りを考える。どんな仕事にも通じる「コツ」を身につけていったのかもしれません。

高校時代、進路担当の先生に資料整理を頼まれました。テキパキこなす私に「す

たこらさっちゃん」というあだ名をつけられました。

一般家庭に家電製品が急速に広まっていきました。

その勢いに背中を押されるように、私は料理の腕を磨いていきました。

多忙な大学生活

福岡女子大学では、家政学部で食物学を専攻。

中学校の恩師から家庭教師のアルバイトの話をいただきました。

父は「小遣いは十分に渡している」と反対しましたが、母は、

「これからは女性もお金を稼ぐためにはどれくらい働けばいいかやってみるといいわ。稼いだ金額と同額のお金を足してあげるから、それを小遣いになさい」

と言ってくれました。

大学の授業の傍ら、合唱団の伴奏者も務め、あとは週4日のアルバイト。

大学から走って帰って家族のための夕食を作ったら、すぐに家庭教師の時間に。

忙しい大学生でした。

3年の学園祭ではバザーの模擬店をすることに。友だち4人で当時最先端だったミートソーススパゲティを作ることに決めました。

天神にあったスパゲティ専門店にみんなで行って、味を研究。結局、麺をマーガリンで炒めてソースをかけるというレシピになりましたが、学園祭の売り上げトップに！

伴奏を務めていた大学の合唱団「クール・デ・フルール」では、衣装を新調することに。その費用を捻出するためにダンスパーティーを開催。部長以下団員全員でチケットを売ってそれを衣装代にあてることにしたのです。

学内の講堂ではなく、中洲のキャバレー「金馬車」を借り切って、派手に盛り上げましょう！　と。

600枚のチケットはたちまち完売。メンバー全員で喜んでいたところ、学長のところまで話が伝わり、部長、副部長、私の3人でお詫びにうかがいます。

「キャンセルはできないので開催させてください」とお願い。当日のパーティーは大いに盛り上がり、チケット代ですてきな衣装を作ることができました。おかげで、いろいろな演奏会で活躍することができたのです。

振り返ってみると、当時の女子大生にしては大胆な発想と行動力ですね。

何かやりたいことを実行するには予算が必要。自力でそれを捻出する方法を考えることを、だれに教わるでもなく実践していました。

お金がないから、○○がないから、と、できない理由をあげる前に、どうしたらできるのか、その方便を考えるのも私の仕事の流儀です。

自立を目指して就職

忙しくも楽しい大学生活はそろそろおしまい。就職を考える時期になりました。

女子大生も卒業後6割は就職します。その多くは教員や行政の職員。あるいは、大学に残って助手になる人も。

私は仕事を見つけて、自立したいと考えていました。

家を出て、自分の人生を始めなくてはと思っていました。しかもできるだけ遠く
—アメリカに行って。

学生時代、私はアメリカの文化にあこがれていました。

当時の日本では、「うちのママは世界一」「パパはなんでも知っている」などのアメリカのホームドラマが流行していました。

その中に出てくる、ピカピカの電化製品が並んだ広いキッチン、リビングルームに揃ったティーセットと焼きたてのパイに、私の目は釘付けです。

ピンとアイロンをかけたブラウスにサーキュロイスカート、真っ白なエプロンをつけた主婦は、まさに家の中のヒロイン。あこがれが募って、

(アメリカに行ってみたい)

と、いつしか思うようになったのです。

合唱団の英文科の下級生について、米軍キャンプのアメリカンスクールの先生方

とESSクラブの交流会に通います。

そのうちに、基地内にある米国人家庭におじゃまするように。玄関を入ると、ドラマで見ていた風景が目に飛び込んできました。洗練されたインテリアや調度品…。アメリカへのあこがれはますます強くなり、アメリカ留学を企てましたが、父に大反対されます。

次に考えたのは米国企業の日本法人への就職です。大学の掲示板に、米国のコンピューターの会社NCRの募集告知を見つけ、「これだ！」。

それは英文科の学生向けの求人でした。関西にある医薬関係の会社見学の研修旅行と同日です。口実を作って参加せず、願書の締切日に学生課に行くと、東京からみえる試験官の都合で今日が試験日になったとのこと。

私は泣きながら田んぼの畦道を走り国鉄の駅に。やってきた列車に飛び乗り、博多駅へ。特急列車で試験会場のある市へ向かいます。駅から母に電話して事情を話し、遅刻するけれど試験を受けられるようにはからってほしいと頼みます。

駅からタクシーで会場に着くと、試験を終えた学生たちがぞろぞろ出てきます。その中に顔見知りの学生を見つけ、鉛筆と消しゴムを借りて別室で試験を受けました。結果、面接枠の5人に入ることができました。1人枠の面接試験もパス。

ところが、前述した通り、私は卒業前に結婚が決まり内定を辞退しました。結婚という思わぬ形で、自分の人生を切り開くことになったのです。

忙しい新婚生活

大手企業のサラリーマンと結婚し、優雅な専業主婦の生活に。

そう思われることも多いのですが、実はそうではありませんでした。

夫はたしかに当時としては高給取りではありましたが、東京の大学で学ぶ妹に仕送りをしていたので、優雅とまではいえない暮らしぶりでした。

月給からもらう家計費は1万円。私の自由になるお金はありません。雑誌や本など、趣味のためのお金は自分の力で捻出するしかないのです。

そこで私は、アルバイトを始めることに。

学生時代にやっていた家庭教師を再開します。

子どもの頃、かなり本気で習っていたピアノも活かそうと、夫には内緒で音楽教室の試験を受け、専属講師に採用されます。

日中はそれぞれの教室や個人宅を回って指導をし、夕方には家に戻って夕食の支度を。

母がやっていたように、私も自分用の家計簿を作り、食費や光熱費、クリーニング代…と、日々の出費を記録していきました。

日記がわりにもなる家計簿は、2000年まで続けました。

先輩たちから学ぶ

料理研究家として仕事をするようになってからは、さまざまな人との関わりがありました。その中で仕事のノウハウを学びます。

特に思い出されるのは、『栄養と料理』の岸朝子編集長。

『栄養と料理』は、女子栄養大学の創設者である香川昇三・綾夫妻が、1935年に創刊した月刊誌。

女子栄養大学の前身である香川栄養学園の研究・教育の一環として、健康と食をテーマにした雑誌です。

岸朝子さんは、かつて『料理の鉄人』というテレビ番組で審査員を務めた方です。毎回番組冒頭で、「料理記者歴40年」と紹介され一躍有名になりました。

1977年、料理研究家として『ミセス』にデビューした直後に、岸さんから電話をいただきました。

「ミセスの専属でないならば、お願いしたいことがあります」

という依頼でした。

やがて、毎月のように仕事をいただくようになりました。

「こちら試験室」という連載は、数種類の調理器具の性能を比較するもの。研究好きの私にはうってつけの内容です。

思わずのめり込んでしまい、製品の機能を分析し、グラフや表を作成したこともありました。すると岸編集長から、

「言われてないことまでやらなくて結構です。注文されたことだけ納めるのが仕事というものです」

と諭されました。

締切は必ず守ること、1行は40字。与えられた行数を守る。

雑誌の仕事の基本は、岸さんから学びました。

4人の子どもを育てながら、食のジャーナリストとして仕事を続けた岸朝子さん。言葉づかいや所作が美しく、凛としたすてきな女性でした。

料理写真の第一人者・佐伯義勝先生との出会いも、『栄養と料理』がきっかけです。

佐伯先生は、木村伊兵衛と土門拳の両巨匠に師事したドキュメンタリーの写真家でした。ところが『辻留』の主人・辻嘉一さんと出会ったことで、料理写真に開眼。辻さんが旬の食材を一気呵成に盛りつける光景に高揚感を覚えていると、「何しとる！　早く撮れ！」と背中を叩かれんばかりの勢いだったとか。

「早う撮らんと料理が死んでしまう」と、一瞬を捉えることを学んだそうです。

そんな佐伯先生との仕事によって、私の瞬発力もかなり鍛えられました。

一瞬で捉えられた先生の写真は、完璧でした。

料理の色や艶、そしてみずみずしさが最高潮に達する瞬間を絶妙なピントで撮る。料理の存在感と、そこにいたる食材と手業の物語が切り取られていました。

佐伯先生とは随分一緒に仕事をさせていただきました。

「料理の仕事の世界で飛躍するには資格を持っていた方がいい」

という先生のアドバイスに後日従ったことで、私の仕事はさらに拡大することになります。

1980年、夫が北九州市に転勤することになりました。

後で詳しく述べますが、私は仕事を整理して一緒に北九州に行くことを選びます。

ご挨拶にうかがって、そのことを佐伯先生に告げました。

「もったいない。天を仰いで泣きたいよ」と惜しんでくださいました。

雌伏のとき

雑誌『ミセス』でデビューして以来、一生懸命仕事をしてきました。

かつての婦人雑誌は、欧米などのあこがれの食生活を紹介する記事が主流。

時代は移り、だれでもできる料理や家事の記事が好まれる風潮が生まれます。

そこにちょうど、3人の子どもを育てる専業主婦の私がいたわけです。

『ミセス』で紹介されると、『栄養と料理』や『主婦の友』、『主婦と生活』、『マイン』などから仕事の依頼がありました。

それからは、雑誌や広告の仕事で、多忙な日々を送っていました。

夫の転勤で北九州に引っ越すと仕事関係者にお知らせしたときは、

「せっかく芽が出たところで東京を去るなんて」

と思ってくださった方もありました。

当時、メディアの仕事は東京が中心です。そこを離れるということはキャリアをあきらめるということでした。

撮影や料理教室のために集めた調理器具や食器は、きれいに磨いて生徒さんたちに一掃セール。

引っ越し当日、私は空っぽの台所に座り込んで、ポロポロと涙をこぼしました。

北九州では、歴代の副所長が暮らした築70年の社宅に暮らすことに。

敷地が400坪あり、建坪は105坪。家族のために専業主婦としての生活が始まりました。

早朝から深夜まで、時間をやりくりしながら家事と仕事をこなしていた日々がうそのようです。

朝、夫を会社に、子どもたちを学校に送り出し、家に一人になると、無性に寂しくなります。

（どうして仕事を辞めてしまったの）

後悔しても、どうにもなりません。

失ってはじめて、自分はこんなに仕事が好きなんだと気づきます。

「これからの料理研究家は、レシピだけでなく文章も書けなくては」

という、『栄養と料理』の大橋禄郎編集長の言葉を思い出しました。

「編集者になりたての頃、名作といわれる小説を原稿用紙に書き写し、段落や行替えなどを学びました。村上先生も書いて僕に送ってください。添削してあげましょう」

その日から、毎月北九州の名産、料理について書いては編集部に送りました。あまり頻繁に届くので、大橋編集長は「九州味紀行」（1982年）という連載ページを設けてくださいます。

九州の食をテーマにしたリポートです。食材が生まれた自然風土、調理の背景にある歴史や文化などを掘り下げ、食の魅力を伝えました。挿絵は父・大島虎雄です。

企画の持ち込みもしました。

チーズケーキやチョコレートケーキを3箱焼き、おしゃれをして西日本新聞社へ。

「アポイントをいただいておりませんが、仕事をいただきたくてうかがいました」

と受付嬢に。担当デスクに会わせてくれました。

そのときは紙面に余裕がないと断られましたが、東京で手がけた月刊誌や単行本が届くたびに手紙を添えて送ります。半年後「1カ月だけ載せてみましょう！」と。

1カ月後にお礼に新聞社にうかがいます。

「評判がいいのでしばらく書いてみますか？」とスタートした「イキイキさち子の家庭料理」は現在も続き、42年目になります。

読者の声を聞く

ある日、西日本新聞の連載記事に私の自宅の電話番号が載っていることに気付き、驚きます。担当部署に尋ねてみると、あまりに問い合わせが多いので対応できないという理由。

掲載日には、自宅の電話が鳴りっぱなしということも珍しくありません。最初はびっくりしましたが、私は読者の質問や問い合わせに対応します。

そのやりとりの中で、その家庭の食卓が朧げに見えてくる気がします。

それまで私に入ってくる情報は、料理の専門雑誌の関係者や、料理教室の生徒さんたちからのものがほとんどです。

メディアなどの情報は欠かさずチェックして、切り抜きをスクラップしています。

でも、料理の専門家でも愛好家でもない、一般の方からの質問や意見は、目から鱗が落ちるようなものがありました。

「飽食の時代」という言葉が流行り、グルメブームが始まる頃。共稼ぎ夫婦は珍しくなく、冷凍食品や中食を利用するのは一般的に。日本の食卓、さらには栄養や健康に対する意識が、大きく変わる潮目を感じました。

読者からの電話は、それを裏付けるかのように、情報を私に届けてくれます。読者（あるいは視聴者）の声を集めることは、現代のニーズを知ることでもありました。

私はそれらを掬《すく》い上げて企画を立てます。世の中に、食に関する正しい知識や画期的なノウハウを発信することが私の使命だと気づいたのです。

教育の世界へ

毎週の新聞連載執筆と料理教室、そして家事。忙しくも楽しい日々が帰ってきました。

慢性骨髄炎の手術（第3章）を繰り返し、世話に通った四国の義父も他界。私は新たに得た仕事をこなすことに夢中でした。

そんなとき、母校・福岡女子大学の4年後輩の二木栄子先生から電話がありました。

西南女学院短大（当時）での、調理実習の非常勤講師の依頼でした。

二木先生は、私の著作や記事を見て、推薦してくださったのです。

すぐに履歴書、業績書を作成。大学時代の恩師2名に推薦状もいただき、採用されます。

これをきっかけに、私は教育の世界に足を踏み入れたのでした。

当時、福岡女子大の早渕仁美先生（公衆栄養学）のゼミの研究生でもありました。

「食品分類、料理分類の研究」をテーマに研究を始めていました。

早渕先生と共同で「使いやすく汎用性のある食品コードの一試案」を日本家政学会で発表。

また文部科学省の「四訂日本食品標準成分表」をもとに、効率的な栄養計算ができる分類法を提案しました。

西南女学院で働いているのなら福岡女子大でもと声がかかり、調理指導実習講座を担当します。

高校時代のニックネーム「すたこらさっちゃん」は、大学の学生には「タイフーンさちこ」に変わりました。

毎年、新学年を担当すると1回目の授業で、学生たちに「自身の1週間の食事記録と考察」の課題を出します。

朝食抜き、カップラーメンや菓子パンだけの夕食など、学食で食べるランチ以外は、ひどい状況です。

当時厚労省は、「健康作りのための食生活指針」として「1日30品目」を提唱していました。

学生の現実とのギャップに、私は愕然となりました。

学生たちのために「1日15食品1600カロリー」と、具体的な目標を考案。

1日食べた食材を記入してもらい、不足分は電子レンジを使った「早、うま、簡単」調理で改善することを目指します。

1964年、大学を卒業した春に、管理栄養士の国家試験制度がスタートしています。

21年後の1985年、末息子が大学に入る年にいよいよチャンス到来。今年で家族を応援する役目はおしまい。

「これからの料理研究家は資格も持った方がいい」

という佐伯義勝先生の言葉が脳裏に浮かびます。

管理栄養士の国家試験を受けることに決めました。福岡市で行われる管理栄養士受験講座に毎週土曜日と日曜日に通い、勉強します。試験日前の10日間は、ホテルにこもって猛勉強。

47歳で受験。マークシートの解答用紙も初体験。

発表を見にいく勇気もなく、夫が「新聞の合格者欄に名前が載っているよ」と知らせてくれてホッとしたのが現実です。

ふたたび、東京に進出

子どもたちが皆家を離れ、夫の福岡での生活も軌道にのった1996年。

私はふたたび東京で仕事をすることに決めました。

夫に伝えると、

「そう言うだろうと思っていた」

と答えます。

株式会社ムラカミアソシエーツを設立。夫が福岡に戻り空室になった目黒のマンションをスタジオに改装し、仕事を再開する挨拶状を出版社に送ります。

ところが、声がかかるのは雑誌の料理ページばかりです。

編集者の方たちには、相変わらず村上祥子は「チャチャっと器用に仕事をこなす専業主婦の料理研究家」のようなのです。

私は満を持して東京に戻ってきたつもりです。

エッセーや記事の連載で文章力を磨き、大学の研究室で食の栄養を探求。管理栄養士としての視点からも食を捉えられるようになっているという自負もあります。

すでに料理は、家事労働ではなく「知的な嗜《たしな》み」となった時代。生徒さんたちの知的好奇心を満足させる料理教室も継続してきたのです。

なによりも、「ちゃんと食べて、ちゃんと生きる」という信念を広く伝えるために、東京に戻ってきたのではなかったか。

かつての村上祥子ではない、多くを学び成長した村上祥子を、みんなに知ってもらわなくては、と思います。

私は、当時おしゃれで最先端のレストランや料亭が多い六本木、NHKのある渋谷、講談社のある音羽から地の利のよい港区西麻布に、4階建ての個人所有のビルの1Fを見つけ、本格的なスタジオに改装してオープンすることに（福岡のスタッフのなかには『福岡で最高の先生になったのだからこれ以上有名にならなくても、お金を使わなくてもよい』と反対する人もいましたが）。

壁には22万点のレシピや資料をまとめたバインダーがぎっしりと並ぶ棚、キッチンには選りすぐりの調理器具を並べたスタジオです。

かつてお世話になった出版社の方々を招いて食事会を開きます。

私の今までの業績を物量で示し、整理術の粋を利かせたスタジオを見てもらい、私の本気度を知ってもらいたかったのです。

アップデートした村上祥子をお目にかけたかったのです。

私の思いは通じて、食事会をきっかけに新しい出会いが生まれ、食品メーカーとのつながりもでき……現在も続く人脈が作られていきました。

そして徐々に、単行本の依頼が増えていきます。

全国ネットのテレビに

もう一つの変化は、テレビの仕事でした。

九州にいた頃もローカルネットの料理番組にレギュラー出演していました。東京はテレビ局自体が多いため、一つ出演すると、いろいろな料理番組から出演依頼が舞い込みます。

ＮＨＫの『きょうの料理』や『はなまるマーケット』（ＴＢＳ）の料理コーナー。やがて『おもいっきりテレビ』（日本テレビ）や『ためしてガッテン』（ＮＨＫ）などの情報番組で、栄養や健康になるための食情報を紹介する仕事も増えていきました。

料理番組では、食材の準備、仕込み、運搬まで、スタッフと一緒にやります。映像の仕事はスタッフとの連携が一番です。私がカメラに向かって調理過程を説明する間に、時間のかかる料理はスタッフが調理済みの皿と差し替えるなど、ニコニコしながら調理をする裏では、秒単位での連携が必要です。

想定外の小さなアクシデントも起こりますが、そこをカバーするのも技なのです。

料理番組での経験は、イベントや料理教室での調理に随分と生かされていきます。

時間の読みや臨機応変な対応など、特にディレクターさんたちから学んだことは「素」（だれも見ていないとき）の顔に戻らないこと！　です。

村上祥子の仕事術

単行本やテレビ、そして企業からの依頼など、仕事は順調に増えていきました。

1990年代後半から2000年代に入る頃には、「早、うま、簡単」だけでなく、そこに「ヘルシー」が加わります。

グルメ志向の時代には、カロリー過多でもおいしいものを食べたいというニーズが主流でした。

しかし、生活習慣病の増加により、厚労省やメディアが主導し、健康的な食事が注目されるようになったのです。

栄養バランスを考えることは、粗食でよいというわけではありません。

また、どんなにヘルシーでも、おいしそうでなければ作ってみよう、食べてみようという気持ちにはなりません。

私は今まで蓄積してきた一般の方の電話やメールから、時代のニーズを読み取っていきました。

出版社やテレビ局から依頼があると、それにふさわしい企画やレシピを作成。

そこで学んだのは、「釣り針」というヒントが必要ということ。

自分の考えをストレートに出すのではなく、読者や視聴者がヒョイっと引っかかりそうな釣り針をつくることです。

「わぁ、おもしろそう」

「これなら私にできるかも」

読者や視聴者にそう思ってもらえるポイントが、コンセプトやタイトルにあれば結果を出すことができるのです。

食の仕事は、幅広い分野をカバーしています。料理教室やテレビ、本や雑誌だけでなく、企業の商品開発や監修など、思ってもいなかった案件でお声がけいただくことも少なくありません。

私は、未分野の仕事でも断ったことはありません。できないのではなく、やったことがないだけなのですから。

引き受けたら、情報を集めて、研究・分析して、できる方法を探して進みます。やったことがない状態から、「できる」状態に、全力で自分で進んで行けば、向こうに燈火が灯ります。私はこうして仕事の流儀を見つけていきました。

「チャンスの神様には、前髪しかないのよ!」(ヨーロッパのことわざで、「通りすぎてしまってから追いかけても、チャンスをものにすることはできない」という意

味）

これは母の口癖でした。成功するためのアドバイス。

この言葉を、今を生きる若い方たちに伝えたいと思います。

本書の取材を受ける私。この模様はテレビでも放送されました

第3章

食で健康になる。

生命と食がつながる瞬間を体感

私、子どもの頃からズーッとこんなに元気なのです。
見かけが細っこくて腺病質と見られることもありますが、見かけで得をするタイプです。

エネルギーは天下の回りもの。
使った分だけ入ってくる。チャージできるのです。
どんなに忙しく走り回って仕事をしても、疲れ知らず。
一晩寝れば、翌朝にはピンピンしています。
そんな私でも、体調を崩した経験はあります。

1982年のある日。梅干しの種を噛んだ瞬間、体中に激痛が走りました。
変だなと思いながらも放っておいたら、高熱が続くようになりました。風邪だと思って市販薬を飲んでみても、体の火照りは治まりません。

鏡を見ると、顔が腫れあがって別人のよう。

整形外科に行くと、医師は「気のせいでしょう」。

震えながら我が家に戻り、オーバーコートにガウンを重ね、エプロンをかけ、ウールのスカーフをかぶって夕飯の支度をしました。

子どもたち3人に夫、私の父、庭の2匹の柴犬。娘以外全員男子です。なんとも頼りない面々です。

そうしている間にも痛みと熱はひどくなるばかりです。内科、耳鼻咽喉科、脳外科と、病院を渡り歩きます。

自律神経失調症と診断され、処方薬を飲んだら目の前がチカチカして苦しくなりました。

それ以降、50回は病院の門をたたきましたが、よくなるどころか、病名もわかりません。

ある夜、激痛と悪寒に耐えられず救急車を呼びました。

検査の結果、重度の慢性骨髄炎だとわかりました。20年前に親知らずを抜いたあとの処置のミスが原因。炎症部分のブドウ球菌が顎骨から副鼻腔、眼球の奥へと広がっていたのです。

抜歯してコツコツと顎骨に穴をあけ、化膿している骨髄を除去します。

その後4年に分けて手術を8回行い、計18本の歯を抜きました。

当時は北九州の社宅で料理教室を開催。新聞や雑誌の記事の執筆をしていました。

歯肉が元に戻るまで義歯も入りません。食事だってままなりません。

手術の後は絶食。やがて流動食になります。

元気が取り柄の私も、さすがに力が湧いてきません。

そんなある日、夫が病室のドアをノックしました。持ってきた紙袋には、「イタリアから届いたから」とラゴスティーナ社製の圧力鍋でお世話になったイタリア商事の清水社長が送ってくださった生ハム。

「僕1人で食べたら、後でどんなに恨まれるかわからないから」

と、置いて帰りました。

消灯後、ペティナイフで生ハムを切って口に入れ、丸呑みします。塩気が傷に染みますが、うま味が口中に広がります。幸せを感じます。病棟の公衆電話に走り、「残りの生ハムも持ってきて」と頼みました。届けてくれた生ハムを、私はこっそり口に運びます。痛くても、うまく噛めなくても、です。

病院で出されるとろとろ食や刻み食では、体力が戻りません。子どもたちの食事も作らねばなりません。主治医に頼んで術後4日で退院します。ドクターに「奥さん、知りませんよ！」と言われながら。

車で迎えに来てくれたスタッフと、帰りは料理教室の食材購入を。入院中に作成したテキストは馴染みの印刷所でコピー。

自宅では圧力鍋で牛もも塊肉を柔らかく煮て、小さく切っていただきます。良質なたんぱく質を中心に、野菜も柔らかく煮込んだ食事を三食食べます。

私はみるみる快復し、日常生活に戻りました。

いつもの生活に戻ると、四国の高松に1人で住む舅の世話に。

毎週金曜日の教室を終えると、小倉駅より新幹線で岡山まで、岡山から宇野までJR、宇野から高松まで連絡船に乗り、高松からタクシーで屋島の舅の家に通います。

東京へ出張していた夫も高松に飛び、2人で世話をします。1週間分の惣菜を作って、近所の親戚に頼み、八幡に戻る、という生活を続けます。

その間も、義歯をブリッジでつないだ自分の歯は1本、また1本と抜くことになり、ついに2020年、すべての歯がなくなりました。

歯科医師も奮闘しますが、なかなか完成しません。

「先生、このままでは栄養失調でお陀仏になりますよ」と、申し上げたこともありました。

病院食の改善支援に取り組む

慢性骨髄炎は大変な経験でしたが、病人という立場から食を見直すきっかけとなりました。

そのあと、2014～2015年まで、宮崎県内の病院で、病院食の改善支援に取り組みます。

きっかけは、

「病院食の残菜が多くて困っている。見にきてくれませんか」

ということでした。担当されている栄養士さんが入院中とのことで見学に。

スタッフ1名を連れて調理室に入ります。

メニューは「白身魚など脂の少ないたんぱく質にご飯と野菜の和食」です。10年間同じ献立表で作成しているとのこと。1980年代の栄養指導そのままの内容です。

出来上がった料理をミキサーにかけて、とろみ剤を加えて仕上げています。

一人一人にスタッフが付き添い、スプーンで食べさせています。

回収されたトレーには、食べ残しが目立ちます。

病院に務めたことのない私にとって、ここで入院患者さんの食事管理と調理の現場を体験できると思い、病院食の献立改善支援を引き受けました。

お粥は圧力鍋で炊き、病棟に運び、その場で注ぎ分けます。あたたかいお粥が食べられるようになりました。

患者さんたちに食べたいものを聞いてみると、「エビの天ぷら」や「鰻」という答え。

病人や高齢者には胃腸にやさしい柔らかい食事を、と大学では教えていますが、本人たちの食べたいものは、華やかに活動していたときの食事。

日本の食文化はやさしさを重視してきました。食べやすく胃腸にやさしいものがよしとされてきたのです。

お年寄りは口腔内が不自由な方が多いので、水やだしを足して柔らかく煮ます。水はゼロカロリーです。低栄養を招きます。足がヒヨヒヨして上手に歩けません。のり巻きも縦横3つずつ包丁で切り、箸でつまんで口に入るサイズにすれば、水でふやかさなくても十分に飲み込めます。「高齢者も家族と同じものを食べる」感覚です。

視点を変えて、「毎回、ご飯がおいしい！」「食事の時間が待ち遠しい！」となる工夫が必要です。

私は病院食の献立を家庭料理に近い内容に変えてみました。鉄分やカルシウム。カルシウムのブラザーミネラルであるマグネシウムも増やします。

むきエビに衣をまぶし、1個ずつ揚げて天ぷらにします。包丁でザクザク刻んで、大根おろしを和えしょうゆをかけて朝食に出してみると完食しています。

はじめ見学した時は寝たきりだった人が、数カ月経つとベッドから起き上がり、車椅子で自由に移動できるようになっています。

食事の時間はみんな笑顔です。食べ残しもぐっと少なくなりました。退院する時に「病院で食べたグラタンのレシピをください」という人も出てきます。

病人や高齢者の食事も基本は家庭のご飯と一緒。

「ちゃんと食べて、ちゃんと生きる」ためのご飯を提供すれば、身体は応えてくれます。

糖尿病の治療用に開発した「たまねぎ氷®」

病気の予防・改善、あるいは療養食については、アメリカは一歩先を行っているようです。

ロサンゼルスにいる知人（女性）が病院に入院したときの食事を画像で送ってくれました。

たんぱく質量が計算され、塩分量も適確な食事でした。

日本の病院のように提供されるのではなく、食事制限のない人は併設されているレストランのメニューから選ぶこともできるのだそう。

アメリカでは医師も大学で栄養学を学びます。また、栄養士は医師と対等の立場で仕事をするので、患者さんを診察するときはペアで診ます。

食事によって、病気療養中の体力を回復し、健康を目指す。

病気そのものの予防も、食事によって行う。がんを含めて生活習慣病が問題となっている先進国では、栄養学が予防医療の一助を担うと考えられるようになりました。

たとえば、高血圧を予防・改善する食事「ＤＡＳＨ食」。

１９９７年、ＮＩＨ（アメリカ国立衛生研究所）が提案した食事プランで、減塩を基本に血圧降下作用のあるカリウムなどを積極的に摂取します。

大学の医学部との共同研究に管理栄養士として参加します。メーカーの日本人向けのＤＡＳＨ食の開発に取り組みました。

日本人になじみのある献立で無理なく続けられるＤＡＳＨ食を作るプロジェクトです。私の役目は、栄養学的な数値を料理に具現化すること。食事は目で楽しむものです。食材の色味のバランスも検討します。料理は絵心も必要と思っています。


生活習慣病の代表ともいえる糖尿病。

電子レンジ調理を糖尿病の予防・改善に提案したことは前述しました。

日本人の4人に1人は糖尿病、またはその予備軍と言われています。

糖尿病は、その合併症が怖い病気です。3大合併症として、糖尿病神経障害、糖尿病網膜症、糖尿病腎症があります。また、心臓病や脳卒中など、死亡リスクに関係する動脈硬化も引き起こします。

糖尿病の治療は、栄養療法（分子整合栄養療法）が採用されています。

栄養状態を改善することで、薬の効きをよくするという考え方です。

糖尿病の場合、食事療養と運動療法で体重をコントロールして、インスリンの効きをよくすることができます。

毎日の暮らしのなかで、糖尿病用の食事を作り続けることは大変です。なんとか簡単に続けられる食事療法はないものかと考えました。

医学的データを分析し、1990年アメリカ国立がん研究所が発表した、デザイナーフーズのトップグループにあり、価格が安定して手に入りやすいたまねぎに注目。

たまねぎには辛味成分イソアリイン、抗酸化作用の高いケルセチン、グルタチオン酸の3つの成分があり、その相乗効果で血糖値の上昇を抑えることができます。たまねぎの皮をむくのは手間がかかります。刻むと硫化アリルが蒸発して鼻や目の粘膜を刺激します。涙が出ます。

目に沁みないようにたまねぎを調理することはできないかと考えてできたのが「たまねぎ氷®」（作り方は134ページ）です。

それには、たまねぎ氷®の効果を検証しなくてはなりません。

糖尿病専門医で首都圏在住の方を、たまねぎ氷®本の出版が予定されていた家の光協会出版部に調べていただき、周東寛先生（医学博士、南越谷健身会クリニック院長）にお願いすることに。

テストに参加希望の10名の患者さんを推薦してもらい、たまねぎ氷®1カ月分を指定された日時に冷凍便で患者さん宅に送ります。9割の方は血糖値が下がり、数値が安定してきたのです。

エビデンスがとれたところで、上梓した『たまねぎ氷®が血糖値を下げる！おいしい糖尿病レシピ』はテレビや雑誌、新聞などで話題となり、「たまねぎ氷®」ブームが起こり、ベストセラーになりました。

たまねぎは、現代人が抱えるさまざまな不調を改善する「食べる薬」です。


【たまねぎに含まれる薬効成分】

・イオウ化合物（イソアリイン、チオスルフィネード）
血液をかたまりにくくして、血流の流れをよくする。そのほか、疲労回復、肌荒れや不眠の解消、骨粗鬆症の改善にはたらく。

・オリゴ糖
腸にはたらきかけて乳酸菌の材料に。便秘の予防、改善。食物アレルギーや鼻炎にも効果あり。
・フラボノイド
毛細血管を保護して丈夫にし、血圧の上昇を抑える。抗酸化作用、血糖値上昇を抑える作用、抗ウイルス、抗ストレスの作用あり。
・セレン
がんを含む生活習慣病や老化の原因となる活性酸素を除去。免疫機能を高める。肩こりや腰痛、冷え性の改善に効果あり。
・ポリフェノール（ケルセチン、グルタチオン酸）
抗酸化作用が高く、血管をしなやかにする。血圧を下げ、動脈硬化を防ぐ。糖尿病、高血圧、脂質異常症といった三大生活習慣病の予防・改善が可能。

これらの栄養成分を含むたまねぎを、手軽に毎日食べられるのが「たまねぎ氷®」です。

加熱するとにおいが消え、甘みとうまみが増すので調味料代わりに。お茶や野菜ジュースなどに混ぜて、楽に毎日続けられます。

【たまねぎ氷®】の作り方

〈材料〉（1kg相当　製氷皿2~3皿分）

たまねぎ　4個（正味1kg）

水　カップ1

〈作り方〉

1　たまねぎは皮をむき、上側と根は切り落とす。

2　ポリ袋に入れ、口は閉じずに耐熱ボウルにのせる。そして電子レンジ

600Wで20分加熱する。袋の口を閉じると破裂するので注意。

3 ポリ袋にたまった汁ごと、ミキサーに移す。

4 水1カップを加え、とろとろになるまで回す。

5 ふた付き容器に移し、冷ましてから製氷皿に流し入れて冷凍する。

6 凍ったら、バットに水をはって製氷皿の底をつけて、製氷皿をひねって逆さにして氷を取り出す。ファスナー付き冷凍用袋などに入れ、冷凍庫で保存する（冷凍で約2カ月保存可能）。

料理研究家人生50年の集大成「にんたまジャム®」

「たまねぎ氷®」がブームとなってからしばらくたった頃、あるメールが届きました。

長距離トラックドライバーの方です。

「『たまねぎ氷®』で血圧が安定して助かっています。仕事柄、家をあけることが多いので持参していますが、溶けるのが困ります」

溶けないたまねぎ氷を考えました。

そこでジャムにする！　がひらめきます。たまねぎピューレを煮詰めてみますがちっともおいしくありません。値段は張るけれど健康効果がたまねぎの12倍あるにんにくを加えて試作。砂糖とレモン汁を加えるとりんごジャムのようです。

「にんたまジャム®」は、私の仕事人生のなかで最高傑作だと思います。

【にんたまジャム®】の作り方
〈材料〉（出来上がり460g）
　たまねぎ　500g（正味）
　にんにく　100g（正味）
　水　100㎖
　砂糖　60g

レモンの搾り汁（または酢）　大さじ2

〈作り方〉

1　たまねぎは皮をむき、上下を切り落とし、十字に4等分に切る。にんにくも皮をむく。

2　耐熱ボウルに、にんにくを先に入れ、たまねぎをのせ、水を注ぎ、両端を少しずつあけてラップをし、電子レンジ600Wで14分加熱する。

3　汁も一緒にミキサーに移し、砂糖、レモンの搾り汁を加え、なめらかになるまで回す。

4　耐熱ボウルに移し、ラップはかけず電子レンジ600Wで8分加熱して煮つめる。

〈保存方法〉

熱いうちに完全に乾燥している瓶に移し、ふたをする。冷蔵で1カ月、冷凍で2カ月保存可能。3、4日なら小瓶に移して常温携帯もできる。

※このジャムは糖度が低いので、常温で長期保存する場合は、瓶を加熱殺菌する。

認知症も食で予防

2007年、日本は超高齢社会*に突入しました。

それに伴い、フレイル（虚弱）やロコモティブシンドローム（ロコモ…運動器症候群）など、高齢者特有の不調や病気の予防・改善が課題となっています。

なかでも認知症の人の増加は著しく、厚労省は2023年、「認知症基本法」を定めました。

認知症の人が尊厳を保ちながら希望を持って暮らすことができるための基本理念を策定したものです。

認知症は病気ではなく症状です。脳血管障害型やアルツハイマー型など、いろいろなタイプがあり、実はまだわからないことも多いといわれています。

最近では、若年性認知症MCI（軽度認知障害）があることが判明し、年齢を問わず、気になる、予防したいと思っている人は多いのではないかと思います。

認知症も食事で予防・改善ができないものか、と私も研究を始めました。

老年期認知症の研究者・池田久男博士によると、認知症予防に効果が見込まれる栄養素は3つあるそうです。

・ホスファチジルコリン（大豆、卵黄、脳、肝臓、酵母）
動植物の細胞や組織―特に視神経や肝臓、血液の代謝や機能に関係する栄養素。「脳の栄養」と呼ばれている。

・DHAとEPA（魚類）
DHA（ドコサヘキサエン酸）とEPA（エイコサペンタエン酸）は、オメガ3の不飽和脂肪酸。どちらも予防医学上必須の栄養素。DHAは母乳に含まれることから、人に必要な栄養素。また、EPAは体内で合成されない必須脂肪酸の一つ。どちらも認知症予防、がん発症予防の効果があります。

・糖鎖（海藻、きのこ、こんにゃく、カニやエビなどの甲殻類）

糖だけでなく、たんぱく質や脂質その他の分子と結合して、多様な分子を作り出す。生体内で重要な生理作用を担う。

糖鎖を効率的に摂るために、黒たまジャムを開発しました。

たまねぎを加熱すると甘味として発現するオリゴ糖は難消化性食物繊維。胃の中にある消化酵素・アミラーゼでは消化されず腸まで届きます。腸内細菌が短鎖脂肪酸に変わり、腸のエネルギーとなる善玉菌を増やし、腸を元気にします。免疫機能を整えるといわれています。

【黒たまジャム】の作り方

〈材料〉（出来上がり200g）

たまねぎ　250g

黒砂糖　60g

黒酢　大さじ2

〈作り方〉

1　たまねぎは皮をむき、上下を切り落とし、4つに切って耐熱ボウルに入れ、電子レンジ600Wで5分加熱する。

2　ミキサーに1、黒砂糖、黒酢を入れ、ピューレ状になるまで回す。

3　耐熱ボウルに移し、ラップをしないで電子レンジ600Wで10分加熱する（冷蔵で2カ月、冷凍で1年保存可能）。

日々の食事のなかで、たんぱく質（ホスファチジルコン）や魚（DHAとEPA）を摂り、さらには黒たまジャムをスプーン1杯。認知症の予防を行ってください。

＊65歳以上の人口が、全人口の21％以上を占める社会

「ちゃんと食べる」で健康を維持

これまで、病気になった人のための栄養について書いてきました。

もちろん、「たまねぎ氷®」や「にんたまジャム®」、「黒たまジャム」は、病気ではない健康な人が健康を維持するためのものです。

私が82年生きてきて思うのは、

「元気のもとは1日3食コツコツ食べる。食べるが早道、安上がり！」

ということ。

そして、栄養バランスよく食べること。

毎食、たんぱく質食材130g、野菜100g、ご飯1杯（150g）、そして1日に牛乳1杯が基本。

こうすると、たんぱく質や炭水化物、ミネラル、ビタミン、カルシウムをバランスよく摂ることができます。

ステーキや鰻など、たんぱく質豊富な食事もいいのですが、経済的に考えても毎日は続けられません。飽きてもきます。人間の体は工場のようなもの。食材を入れ、体内でブドウ糖やアミノ酸に変えてエネルギーを生み出し、筋肉や臓器、血液やホルモンなどを作らなくてはなりません。毎日元気に働き続けるためには、コツコツと栄養バランスのよい食材の補給が必要です。

私は仕事をはじめたときから、「うまい」だけでなく、「早い」「簡単」な料理を提案してきました。専業主婦であっても、働く人であっても、三食毎日作るのは大変です。早く簡単にできる料理法を紹介して、皆さんに実践してもらえたらと思ってきました。

日本では、料理というものは長い時間をかけて習得するものとされてきました。女性が家にいて家族のために料理を作ることが建前だったのです。

今は、性別・年齢関係なく、自分自身が生きるために、その燃料を体内に摂り入れるために料理をするという時代になっています。

結婚しない人は、男女問わず自分のために料理を作ります。

また、妻に先立たれた男性も自分のために料理を作らなくてはなりません。

人生、何がどうなるかわからないのですから、料理の基本を知っていて損はないと思います。

大腿骨骨折事件

2023年8月14日、私は福岡の板張りのスタジオですってんころりと転んで大腿骨を骨折しました。

救急車で運ばれ、手術。翌日からリハビリが始まり、ステッキがあれば歩けるようになり、10日で退院しました。

翌日から、大阪府堺市教育委員会依頼の「早寝、早起き、朝ごはん」の動画を撮影。

その週の土曜日は大分県竹田市で「たけた福祉健康フェア　人生100年時代ちゃ

んと食べてちゃんと生きる」の講演会に出演しました。

博多駅で新幹線に乗ると電話が。熊本にいる息子からでした。

「退院したんだってね。時間ができたので、福岡まで様子を見に行こうと思うのだけど…」

「実はいま、新幹線の中」

「どこへ？」

「豊後竹田まで」

「帰りに熊本駅で乗り換えるからそのときに…」

豊後竹田駅に到着。肺結核で、23歳で亡くなった『荒城の月』の作曲家、滝廉太郎の銅像を駅で仰ぎ見て、涙がにじみます。エレベーターもエスカレーターもなく、ステッキをついて階段を降ります。

講演を終え、見送りの方が、「特急あそぼーい！」の指定席におみやげのカボスをのせてくれました。2kgのかぼすは骨折した私にはとても運べません。

特急の添乗員さんが改札口まで運んでくれ、息子に渡され事なきを得ました。

その晩は、駅のレストランで息子一家と夕食。

「お義母さん、折角だから今夜は家に泊まってください」とお嫁さん。

「泊まりたいのは山々だけど、入院していたから原稿がたまっているの。今晩は帰ります」

翌日は神戸、京都2カ所のＮＨＫ文化センターで講義。新幹線で移動していると、また、息子から電話です。車内アナウンスでうまく聞き取れません。

「ごめんね、新幹線に乗っているのよ。降りたら電話するから…」

こんな調子でステッキをついて、徳島県の男女共同参画総合支援センター「フレアキャンパス講座 シンプル家事で充実生活」の講演にも出かけました。

講演後、支援センターの担当者からメールをいただきました。

「驚異的な回復力とはいえ、快復途中の中、遠路お越しいただきましたことに心から御礼を申し上げます。今回の講演は非常に満足度が高いものとなりました。これも、大学での病態栄養や治療食の開発等、長年の研究に裏打ちされた行動栄養学や合理的な調理の賜物と存じます。『動くこと、それ自体がリハビリです』という言葉も納得がいきました」

たんぱく質、摂ってますか？

日本は野菜を中心とした粗食を理想とする時代がありました。今はずいぶん変わっています。

人生100年時代になると、いつまでも元気に動ける筋肉を維持する必要が出てきます。フレイルやロコモなどは、運動不足が原因ですが、食事も大きく影響します。

特に粗食ではたんぱく質の割合が少ないことが心配です。

たんぱく質は、筋肉や骨、皮膚、内臓、血液、爪、髪だけでなく、ホルモンや酵素、免疫細胞など、人間の体を作る元になる栄養素です。

たんぱく質摂取について衝撃的なエビデンスが発表されました。佐々木敏先生（東京大学大学院医学系研究科社会予防疫学分野教授、医師、医学博士）が指導なさった女性3世代研究です。

全国の栄養士養成学校の新一年生で、母、祖母が健在の人・7000人（つまり三世代で2万1000人）を対象に行った調査です。

たんぱく質の摂取量と虚弱の関連を調べてみると、たんぱく質の摂取量が1日あたり70gを切ると虚弱になるリスクが高いことがわかったのです。

この調査データが発表された2011年までは、体重1kgあたりのたんぱく質摂取量は1gとされてきました。これでは足りないのではないか？　と医師の世界で言われていました。しかし、根拠となるデータがなかったのです。

そこで、体重1kgあたり1・5～1・6gが1日に摂りたいたんぱく質の量となりました。一食では、肉や魚などのたんぱく質食材を130g摂ることになります。

私たちは、体重、身長、年齢により、消化したたんぱく質を吸収できる量が決まっています。一度に大量に食べても意味がないのです。1食あたり130gを目安にコツコツ食べることが必要です。

シニアのための実習教室

私は、「シニアの食べ力」を応援できたらと思い、10年前にスタジオを改装し、「シニアのための実習教室」を始めました。

調理器具は電子レンジ。20人の方が1台ずつ使えるようにスタジオを改装。東京・西麻布のスタジオ閉鎖で、使っていた電子レンジを福岡スタジオに送りました。

シニアのための実習教室は、40代～70代の方を対象に、午前・午後2部制でスタートしました。1クラス20名です。

食材を洗う、食べ終えた食器を洗うなど、普段やっていることは、私とスタッフ6名が引き受けます。生徒さんはレンチンするだけ。出来上がった料理は食べてもＯＫ。持ち帰りもＯＫです。

教室終了後、必須ではありませんが生徒さんにはアンケートも書いてもらいます。

皆さん、自身の食についての質問も書かれています。

赤ペンで答えを記入し、その画像をスマホに送ります。できない方にはコピーをとって郵送します。


高齢になると、人は「食べ力®」が衰えます。

消化器系の臓器は、身体のなかでも加齢の変化が起こりにくいといわれています。でも、唾液や胃液、膵液などの分泌が減るため、消化酵素が少なくなり、一度に消化できる量が減っていきます。

また、味覚や嗅覚、視覚なども変化するため、食欲自体がなくなる人も多いようです。

「近頃は食欲がなくて、何を食べたらいいかわからない」

と悩まれているシニアの方も少なくありません。

そんな方たちに、高齢になると食欲は減ることを前提に、生活を見直すことを提案しています。

自宅でじっとしていてもお腹はすきません。散歩でも庭の草むしりでもいいので体を動かしてみます。

自然と食欲が湧いてきて「おにぎりが食べたい！」とか「昼はパスタにしよう」など、思い浮かんできます。

できるだけ体を動かして、しっかり食べる。

「村上さん、元気いいですね」と、信号待ちしているときに声をかけられることもしばしば。

「動く」そして「食べる」ことで、いつでも元気でいるのだと思います。

ここで「シニアのための実習教室」で、人気だったレシピを数点ご紹介します。

生徒さんからの要望が多かったのが「サバのみそ煮」です。普通に作ると、サバの臭みを取るための下処理が大変。ところがこのレシピで作ってみると、

「レンジで、2分でできちゃった！」

「サバの臭みがなくて、おいしい！」

と、生徒さんはキャッキャッと喜んでいました。

シニアになると、2人か1人の暮らしがほとんど。昔のように大鍋でグツグツ煮込んだ料理を作ったら、食べ切るのに苦労します。

皆さんの大好きな肉じゃがやチキンカレーも、2人分のレシピで紹介。大量に作ったものを冷凍してレンチンではなく、作りたてを食べられます。

「シニアの実習教室」では、レシピの内容だけでなく、ライフスタイルに最適な作り方・食べ方を提案しています。

シニアのための実習教室

人気レシピ
ベスト5

サバのみそ煮

電子レンジは短時間でたんぱく質を調理するので臭わない！
下処理不要で、簡単・時短

【材料】2人分

サバ（三枚おろし）		2切れ（70g/1切れ）
ピーマン		2個（60g）
(A)	みそ	大さじ2
	砂糖	大さじ2
	酒	大さじ3
	水	大さじ2

【作り方】

①サバは中骨がついていれば外し、皮に縦に1本切れ目を入れる。※

②ピーマンは1個を2つに切り、種を除く。

③耐熱容器に(A)を入れて混ぜ、①の皮を上にして置き、スプーンで調味料をすくってかけ、②をのせる。

④ふんわりとラップをかけ、電子レンジ600Wで3分加熱する。

⑤取り出して器に盛り、煮汁をかける。

※サバの皮に切れ目を入れるのはハジケ防止のため。サバをレンジで加熱したときに内部にたまる蒸気を切れ目から外に逃し、皮がはじめて飛び散るのを防止します。

ピーマンのじゃこ炒め

パリッとした食感がクセになる
ご飯のおかず、ビールのおつまみに

【材料】２人分

ピーマン		３～４個（100g）
ちりめんじゃこ		大さじ１
(A)	にんにく（すりおろし）	小さじ 1/4
	ごま油	小さじ２
	しょうゆ	小さじ１

【作り方】
①ピーマンは縦２つに切り、種を除き、乱切りにして耐熱ボウルに移す。
②ちりめんじゃこに（A）を加えてからめ、ピーマンの上にのせる。
③ふんわりとラップをかけ、電子レンジ600Wで２分加熱する。

エビチリ

中華の定番・エビチリを電子レンジで
風味づけ程度の油でヘルシーに

【材料】2人分

無頭エビ		10尾（100g）
長ネギ（白いところ）		10cm
(A)	にんにく（すりおろし）	小さじ1/4
	トマトケチャップ	大さじ3
	水	大さじ3
	酒	大さじ1/2
	片栗粉	小さじ1/2
	ごま油	小さじ1
	豆板醤	小さじ1/4
きゅうり		1/2本（乱切り）

【作り方】

①エビは殻の背にはさみで切れ目を入れ、背わたを除く。尾は斜めに切る。足は落とす。長ネギは幅1cmの斜め切りにする。

②耐熱ボウルに（A）を合わせ、エビと長ネギを加える。ふんわりとラップをかけ、電子レンジ600Wで4分加熱する。

③器に盛り、きゅうりを添える。

肉じゃが

和食の惣菜といえばこれ
レンジなら短時間でも味がしっかり染み込みます

【材料】2人分

牛肉（薄切り）		100g
(A)	酒	大さじ2
	砂糖	大さじ2
	しょうゆ	大さじ2
	水	大さじ2
じゃがいも		大1個（200g）
たまねぎ		1/4個（50g）
にんじん		3cm分（30g）

【作り方】

①牛肉は広げて3×3cmに切る。じゃがいもは乱切り、たまねぎはくし切り、にんじんは5mm幅の輪切りにする。

②耐熱ボウルに(A)を合わせ、牛肉を加えてからめ、①の野菜を加える。

③ふんわりとラップをして、電子レンジ600Wで12分加熱する。

④取り出して、箸を刺してじゃがいもが柔らかくなっていることを確かめ、全体を混ぜる。

チキンカレー

少量でも作れるのがうれしい
煮込み不要の簡単・本格カレー

【材料】２人分	
鶏こま切れ肉	70g
じゃがいも	小１個（100g）
たまねぎ	1/4 個（50g）
にんじん	3cm分（30g）
水	250mℓ
カレールウ	30g（6～8 個に切る）
ご飯（温かいもの）	茶碗２杯（300g）

【作り方】

①じゃがいも、たまねぎ、にんじんを乱切りにする。

②耐熱ボウルに野菜を入れて、水を注ぐ。鶏肉をのせて、カレールウを加える。

③ふんわりとラップをして、電子レンジ 600W で 10 分加熱する。沸騰して吹きこぼれそうになったら、加熱途中でも扉を開け、ラップをはずして加熱を続ける。

④器にご飯を盛り、③を混ぜてかける。

姪からのメール

先日、姪（妹の娘）からメールをもらいました。
その返信に、私の健康や栄養に対する考え方を書きました。それをご紹介します。

村上のおばさまへ

前略　御著書の「82歳村上祥子の人生、ただいま拡大中！」と「80歳からのおひとりさまごはん」をお送りいただきましてありがとうございます。

両冊とも学びの多い本で、大変感銘を受けました。

（中略）

たとえば、ごく一例ですが「ご飯」のこと。

私はご飯を食べないとストレス耐性が悪くなることを日頃感じていたので、昼食には食べていたのですが、毎日、罪悪感にさいなまれていました。

「あぁ、食べていいんだ」と背中を押してもらいました。

ただ、発芽米にしていなかったので、変えました。

(中略)

長くなりましたが、シルバーブームが終わるまで、ではなく、また次のブームを作って、これからもお元気にお過ごしくださいませ。

好きなことをして生きている姿は、子ども世代の私たちにとって、なによりの励みです。

両親のことも併せて、今後ともよろしくお願いいたします。

私の返信です。

人は健康に人生を過ごしたいと考えていますが、情報はめまぐるしく変わり、発信されています。一般の方たちが、毎日チェックなさるわけではありません。

ご自身の健康についての考え方は、その方がいつ習得なさったかで決まります。

日本では、健康の根幹を支えている医師・栄養士・薬剤師さんたちに共通の認識がありません。横の連携は皆無です。

患者　「近頃、ものの味がしません」

「食べる意欲が湧きません」

ドクター「それは亜鉛の摂取量が不足しているからです。処方箋を出します。調剤薬局で受け取ってください」

（調剤薬局で）

患者　「薬ではなく食べ物で亜鉛を含む食材はなんですか？　どのように調理したらよいですか？」

薬剤師　「さあ？…それは。亜鉛を含む錠剤を出しました。飲んでください」

私は幸い、亜鉛不足で起こる症状を一般の方が理解できるよう、アナログの言葉で説明することができます。料理も大好きですからおいしい食べ方の提案をすることもできます。

「亜鉛であれば『鶏レバーのつや煮』はいかがですか？　これはおいしいですよ。『鶏レバーのつや煮』は、歯応えがしっかりしています。硬く感じる方は2枚刃をつけたフードプロセッサーに入れて、ミンチ状にして、残っているタレを加え混ぜ、冷蔵。1カ月保存可能です。
ご飯にのせて、冷奴にのせて、いかが?」
栄養とおいしい食べ方をつなぐ仕事は、私にぴったり! と思います。
「おとなの食育」を進めていきたいと思っています。
適確に食べれば、体は太りもしません。痩せもしません。
健康でいれば、いつも機嫌がいいです。
いつもコンスタントな状態が保てます。
次々に新しいテーマが生まれ、毎日が楽しいです。

第4章

人とつながる。

啓助さんのこと

第2章で少しふれましたが、私は内定していた就職をやめて、結婚しました。

この突然の展開に、周囲は驚きました。

私の前に突然現れた村上啓助さん。香川県出身で、7つ年上。東京大学法学部卒業後、八幡製鉄（現・日本製鉄）に入社。

その後、東京本社に転勤し、ふたたび地方勤務に。サラリーマンはこれを繰り返して出世街道を歩むそうです。中学からの友人のお姉さんが八幡製鉄所に勤務。本社から転勤してきた着任早々の上司を、お姉さんと同僚の女性は賭けの対象に。

「村上さんは30歳までに結婚する」とお姉さん。

「ぼくは30歳までには結婚しないと思う」と本人が、賭けたそうです。

お姉さんたちの画策で、私はクリスマスのディナーに招かれ、ホテルのレストランに出向いてみると、後の夫となる村上啓助さんがいたわけです。

啓助さんの第一印象は「誠実そうな人」。私の直感は当たりましたね。
出会ってから2カ月で、在学中に婚約。私は内定した会社で働きながら主婦もや

新婚旅行は夫の故郷・高松市屋島へ。義母・村上アヤの七回忌の法要と披露宴を兼ねて。夫の両親につながる親戚一同との集合写真

るつもりでした。

啓助さんは理論派で、「会社は君を育成するために300万円は投資することになる。途中で家庭と仕事は両立できないと退職したら申し訳が立たない」と、懇々と私を説得しました。彼は私に家にいて欲しかったのでしょう。

それなら永久就職をと、会社への就職を辞退。

私は22歳で結婚。結婚披露宴で啓助さんはお姉さんたちに賭け金を払いました。

啓助さんは穏やかな人で、食事は淡々としたマナーで実においしそうに食べます。

その点も好ましいと感じました。


新緑もえる陽春の候、私たちは結婚いたしました。今、野山を緑に彩る木々の若い芽のように、私たちは将来立派な緑樹に成長して、疲れた旅人には涼しい緑陰を与え、乾いた子どもたちにはその果を恵み、及ばずながらも社会に尽くすよう努力してゆきたいと思っております。

昭和39年5月

村上啓助・祥子

各方面にこんなあいさつ状を送りました。そして、社宅の桃園アパートでの新婚生活が始まったのです。

それからは専業主婦として家事に夢中で取り組みます。

昭和の男・啓助さんは、猛烈に働いて、毎晩のように部下や同僚を我が家に連れてきました。そのもてなしも、妻の甲斐性が問われる時代です。

私は、前述したように自身の小遣いを得るためにアルバイトもしました。そして子どもも3人に増えました。

アンさんとの出会いから料理教室の先生になります。

専業主婦から徐々に働く主婦になっていきました。

啓助さんは、忙しく動き回る私をおもしろそうに見ていました。

若い頃、私は家を出て自立するために就職しようと思っていました。でも、家を出て自分の家庭をつくるのも自立といえます。

私は、自由闊達で自分の考えをもつ母にあこがれ、美意識が高く芸術を愛する父を尊敬していました。

両親も互いを愛し、私たちを愛してくれていたと思います。

でも、前述のように、我が家はケンカが絶えませんでした。

私が子どもの頃からご飯作りに熱中したのも、どこかで円満な家庭であってほしいと思っていたのかもしれません。

住環境を心地よく整えれば、気分もよくなります。おいしいものが並んだ食卓を囲んで怒っている人はいません。

料理は人と人をつなぐ。

結婚したとき、「地の果てまでもついていく」と私は決めていました。

私たち夫婦と子どもたちは、「一緒にいること」が基本。

夫が定年を迎えたとき、私は東京と福岡のスタジオを往復する生活を送っていました。ビジネスマナーや仕事の基本は啓助さんの直伝。株式会社ムラカミアソシエーツを設立して、契約問題や権利関係もサポートしてもらいました。

子どもたちが独立し、「おふたりさま」生活のスタートです。

啓助さんは、ゴルフや野鳥観察などの趣味や世界経済の勉強に励みます。私が仕事で家をあける時は、自分で朝ご飯も作ります。

上等なレストランの多い地域に住んでいるので、昼と夜は、その日の気分で店を選びます。

別れのとき

西麻布のスタジオを18時30分に出発。

残りの仕事はチーフの柿崎さんに任せて、羽田から福岡へ飛び、啓助さんが入院している病院へ直行。

その頃には、啓助さんは私のカレーしか喉を通らなくなっていました。スタジオから運んだカレーで夕飯。私は彼の病院食を食べて食器を返却。私は脇のベッドで寝て、早朝、自宅に戻り、福岡空港から飛ぶ。そして、西麻布で単行本の撮影を続けました。

「そばにいてあげるのが人の道」と、主治医は言いました。

彼は私が仕事を続けることを望んでいたと思うのです。

以下は、彼の一周忌のとき、彼の友人たちに送った手紙です。

夫・村上啓助は昭和32年、社会人となり、日本の高度経済成長と共に生きてきました。

精力的に仕事に取り組み、妻子を労り、慈しみ、人生を過ごしました。

村上啓助が一線を退くと同時に、「ちゃんと食べて、ちゃんと生きる」を伝えたいと、私が東京に飛ぶことを始め、以来20年にわたって陰になり、日向になり、支えてくれました。

思いやりと忍耐、努力する力を備えた人でした。

残念！　という気持ちは日々のものでございますが、啓助を最後まで看病できて安堵もしております。

私らしい一人の生活にも馴染み始めました。

村上祥子の料理研究資料50万点は母校、福岡女子大学の創立100周年記念事業の一環として寄贈することになりました。国際フードセンターの中に「村上祥子料理研究資料文庫」が設けられます。

福岡のスタジオも、生徒さんが一人ずつレッスンを受けられる仕様に改装。

「ボケない食事。しかも、おいしい！」レンチン料理を、手渡しのように伝えていきたいと願っております。（以下省略）

彼は今でも私の親友です。赤の他人だったのに不思議です。

私はしばらく「食べ力®」の先生を続けるつもりです。

みなさんの食卓の伴走者になれたらとってもうれしいです。


私には仕事がありました。毎日、人とお目にかかります。仕事に没頭している間は私事を忘れることができます。

夫を見送ったとき、私は72歳。3年くらいは、心の中に大きな喪失感を抱えたまま過ごしていたと思います。

ある日、テレビをつけたら、別府の動物公園の虎の赤ちゃんが階段を上っていてコロリンと落ちました。

でもすぐ立ち上がり、また何ごともなかったように上り始めたのです。その仕草のかわいさに、思わずこちらもニッコリ！

おかげで、もとの私に戻りました。

愛知県西尾市の小学校で、子どもたちに電子レンジを使った料理を教える私

子どもたちと私

3人の子どもたちとは、別々に暮らしています。

生まれたときから人生は始まります。経験を重ね、次の扉を開け、その次の扉を開けしているうちに、人生の目的が見えてきます。

こんなご大層なことを申し上げてよいかとも思いますが、子どもたちは「be human」。

女性初の国連難民高等弁務官として難民保護に奔走した、故・緒方貞子さんは、生存の脅威から人を守る「人間の安全保障」を提唱しました。

「善を持っているのが人間性」と信じる緒方さんが、よく口にしていた言葉が「be human（人間らしさに徹底せよ）」。

子どもたちにも、人間としてきっぱり生きて欲しいと願ってきました。


子どもたちが独立したとき、親の役目はおしまいです。

食欲が旺盛だった男の子2人と比べて、娘は離乳食を食べてくれなくて気に病んだ経験（私の心配しすぎでした）も、いい学びでした。

3人が小さかった頃は、「一に栄養、二に運動」を掲げて、歩道をゆっくり走りました。すると、社宅の人たちから託されて総勢8人のちびさんマラソンに。

思春期にはそれなりの危機もありました。内心ハラハラしながらも、必ず食事は作っていました。

「家に帰ればあったかいご飯がある」ということが、子どもたちとの絆のように思っていたからです。

私の記憶のなかには、ふるいつきたくなるほどかわいらしい幼い彼らの笑顔やさまざまな思い出があります。それらをもらっただけで十分なのです。


盆、暮れ、夫の法事などで会いますが、その他は声がかかれば出かけていく程度。おひとりさまの私を心配しているのか、ときどき子どもたちから食事に誘われます。

「しっかり食べるんだね!」と驚かれます。

82歳・現役の料理研究家なのですから当たり前。しっかり食べて仕事をする。それを目の当たりにすると、彼らも安心するのかもしれません。

大人の人づきあい

おひとりさまとはいえ、仕事をしている以上、毎日多くの人と出会い、交流しています。

自宅の階下にあるキッチンスタジオでは、スタッフが働いています。

彼女たちは弊社の従業員ですが、先生と生徒のようでもあり、家族のようでもあります。

また、料理教室にはたくさんの生徒さんが来てくれます。

テレビ番組の制作スタッフ、本の編集者などが、東京からみえることも多く、私はここ福岡が本拠地で、相変わらずマグロのようにひとときも休むことなく動き続けています。

私の人づきあいの基本は、「対等」です。

相手が幼児であっても、高齢者であっても、同じ高さの目線で向き合い、つきあってきました。

そしてどんなに親しくても、適度な距離感を保つ方が長続きするようです。

シニアになると、人との交流が少なくなるようです。

パートナーに先立たれ、家にこもりがちになってしまう人も。

「このままでいいのかしら？」と相談されたときには、

「なんでもいいからできることをおやりになってみては？」

とお答えしています。

たとえば、近所の老健施設でタオルを畳むのも、庭の草むしりをするのも、役に立っている快感で楽しいものです。

昔ダンスが趣味だったら、家でダンス教室をすればいい。自分が教えられなくても、だれかに頼んで先生役をやってもらえばいい。

人が集まるところに出かけたり、自分が「場所」をつくったりすることで、自然と人と交流することになります。

先日、ご近所の男性と行き合いました。配偶者を亡くしてしばらく経つ方です。

これからクラシックのコンサートに行って、帰りに1人でちょっとワインを飲むんですって。

そういう時間の過ごし方もすてきですね。おひとりさま時間を満喫。
私はお酒をたくさんは飲めないのですが、これからちょっとおぼえたいと思いました。

これからの私の夢は、昼食だけ提供する「村上食堂」の開店。
保健所の認可もとっています。
1人で食べるご飯は味気ない、たまにはおしゃべりを楽しみたい。
そんな人たちがぶらりと来て、食事をする。
おしゃべりと笑い声が絶えない村上食堂で、クルクルと動き回っている私。
人と人をつなぐ料理を、ずっと作り続けていきたいと思います。

82年間、人生を突っ走ってきました。
私のモチベーションを支えているものは、「きっと、うまくいく」といういわれなき確信です。

その根拠は？　と問われても困りますが、強い思いはブレません。

今までやり遂げたことの裏には、必ずその確信がありました。

迷ったとき、弱気になったときには、「きっと、うまくいく」という言葉が、私の背中を押してくれました。

若い人たちも、自分を信じる言葉を持っていてほしいと思います。

あとがき

私はただいま82歳。

著書の執筆や撮影、講演活動、月一の連載5本を持っています。

「どうしてそんなに元気なのですか?」と、聞かれます。

「ちゃんと食べて、好きなことをすること」と、答えています。

そして、思います。

古くなったから、故障したからといって、人間は新品に換えることはできません。だから、日々のメンテナンスが必要です。

この年齢になると、目も耳も歯もだんだん故障することが増えてきます。修繕をします。カメラと違って自分を預けて帰るわけにはいきません。何度も病院に通います。時間もお金もかかります。

健康は「贅沢でなくてよい。毎日三食、いかにコツコツ食べるか」にかかってきます。

２０２２年以来、ニップンアマニセミナーでご一緒させていただいている國澤純先生（国立研究開発法人　医薬基盤・健康・栄養研究所副所長、ヘルス・メディカル微生物研究センター センター長、ワクチンマテリアルプロジェクト／腸内環境システムプロジェクト プロジェクトリーダー）と、今年2月、日本列島最北の北海道士別市へ『アマニと健康』の講演に行きました。

士別市は日本で唯一、アマニ（麻布を作るための植物）のゴールデン種が採れるところです。

國澤先生の研究により「腸内細菌は発酵食品とオメガ3脂肪酸の力を借りることで、飛躍的に免疫効果が上がる」ことがわかってきました。

これにより、アマニに含まれるオメガ3脂肪酸が注目されています。

アマニの種（粒）にはオメガ3の油とともに、水溶性と不溶性の食物繊維が含まれています。高齢者に多い便秘が、アマニ（粒）で解消します。

アマニのオメガ3脂肪酸であるα‐リノレン酸は前述の通り、免疫力を上げるパワー物質。リグナンも含んでいます。リグナンは大豆イソフラボンなどと同じ女性ホルモン様《よう》の働きを持つ植物性ポリフェノールの一種です。更年期のつらい症状を改善してくれます。

オメガ3脂肪酸をはじめとして脂質は身体の大切な構成要素です。油抜きの食事は身体のバランスを崩します。

今年5月に放映されたNHKテレビ「あしたが変わるトリセツショー」に出演し、『アマニとコレステロール』について紹介しました。

食が細くなってくる高齢者の方たちに、「村上祥子の電子レンジで作る早・うま・簡単料理」〝おとなの食育〟活動も始めました。レンチン料理で身体も心もほっこりして、不足栄養分はアマニなど天然由来の食材を加えることで、身体の中からバランスを整える仕事を続けていきたいと思っています。

ちょっと古い話になりますが、２００６年に私が出演したドキュメンタリー番組「ソロモン流」をご覧になった方から、メールをいただきました。

兵庫県の家島という、姫路港から高速艇で40分ほどの離島の国民健康保険診療所に勤務する看護師さんからです。

海と青空と活きのよい魚が売りの風光明媚な島ですが、兵庫県の4歳から12歳までの肥満児実態調査の結果（平成元年～16年）で、断然トップを続けているそうです。「幼稚園児のお母さんたちにお弁当の詰め方の指導、内容を含めて講習に来てくれませんか」という内容でした。

データを送ってもらいました。その通り。離島ですから給食もなし。小・中学校ともにお弁当持参。栄養士さんはいません。

アンケート用紙を送って実態調査をしました。その結果、どこの家も10点満点の3点です。エネルギー、たんぱく質、脂質は十分ですが、ビタミン、ミネラル、食物繊維は全くといってよいほど摂れていなかったのです。

まずは現地に行って、食生活の実態を見せてもらわなければ…と、島に向かいました。

ムラカミは、どこにでも出かけます。

連絡先　E-mail: sachikocooking@murakami-s.jp

私の元気を支えているのは、三食のご飯と好奇心。

人々が暮らしを営む土地に赴き、食生活を見て、皆さんの話をうかがう。

そこにはデータからは読み取れない、リアルな食の世界があります。

得られた情報や知識をまとめた食の研究を、皆さんの健康づくりに役立てていただければうれしいです。

村上祥子

Profile

村上 祥子（むらかみ・さちこ）

料理研究家、管理栄養士、
公立大学法人福岡女子大学
客員教授。

1985年より福岡女子大学で栄養指導講座を15年担当。

治療食の開発で、油控えめでも一人分でも短時間においしく調理できる電子レンジに着目。

以来、研鑽を重ね、電子レンジ調理の第一人者となる。

糖尿病、生活習慣病予防改善のための栄養バランスのよい、カロリー控えめのレシピ、簡単にできる一人分レシピ、日本型食生活を子どものうちから身につけるための三歳児のミニシェフクラブ、保育所、幼稚園、小学校の食育出前授業など、あらゆるジャンルに電子レンジテクを活用。

「ちゃんと食べてちゃんと生きる」をモットーに、日本国内はもとより、ヨーロッパ、アメリカ、中国、タイ、マレーシアなどでも、「食べ力®」をつけることへの提案と、実践的食育指導に情熱を注ぐ。

自称、空飛ぶ料理研究家。

電子レンジ発酵パンの開発者であり、バナナ黒酢の生みの親。食べることで体調がよくなるたまねぎの機能性に着目。たまねぎ氷®を開発し、注目を集めている。

2019年7月3日、テレビ朝日「徹子の部屋」出演のきっかけになった『60歳からはラクしておいしい頑張らない台所』は、料理レシピ本大賞2020エッセイ賞を受賞。

2024年5月23日、NHK「あしたが変わるトリセツショー」に出演。

これまでに出版した単行本は576冊1285万部にのぼる。

公立大学法人福岡女子大学にある「村上祥子料理研究資料文庫」の50万点の資料は一般公開されている。

料理家 村上祥子82歳、じぶん時間の楽しみ方

2024年7月2日　初版第一刷発行

著　者　村上祥子

発行者　三輪浩之

発行所　株式会社エクスナレッジ

〒106-0032　東京都港区六本木7-2-26
https://www.xknowledge.co.jp/

問合先　編集 TEL 03-3403-6796
FAX 03-3403-0582
販売 TEL 03-3403-1321
FAX 03-3403-1829
info@xknowledge.co.jp